自治体の「困った空き家」対策

→ 解決への道しるべ

学陽書房

はしがき

　本書は、空き家問題に取組む自治体職員が中心となり、実務に必要な議論を重ね、全国の同僚諸氏等に役立つことを目指してまとめたものです。

　空き家問題は、自治体の政策課題としては比較的新しい問題です。
　いつの頃からか、気づけば空き家が増えてきました。そして、中には放置された結果、周囲に迷惑を及ぼす状態のものも目につくようになりました。そうした空き家に起因する諸々の問題状況は、近隣住民から自治体に寄せられる苦情や相談によって政策課題として「発見」され、自治体に対処が求められます。

　住民から苦情や相談を受けた自治体の職員にしてみれば、これは実に厄介な問題です。

　なぜならば、空き家に発する問題状況は、住民の目につきやすい反面、解決するためにはどこに連絡すればよいのかわからないことが多く、とりあえず役所に文句の1つも言ってやろうか、となりがちだからです。

　加えて、空き家問題には極めて多面的な諸相が含まれるという特徴もあります。たとえば、千葉県庁の空き家対策窓口は県土整備部の住宅課ですが、市町村においては、総務、財務、税務、都市整備、建築、環境、衛生、教育、福祉、防災、消防、住基・戸籍、等々細かく挙げればきりがないほどの関係部署があります。
　苦情や相談は、自治体のどの部署に持ち込まれるかの予想はつきません。自治体に担当者が決められていても、住民は「お構いなし」です。

　そして、自治体の担当者が何とかしたいと思っても、既存の法制度で

対処可能なことは少なく、さまざまな関係部署に持ちかけてみても、所管の壁を盾として話にならず、具体的に対策の手を打ちようがない、という状況がよく見られました。

　全国各地に見られたそうした事態に対し、2014（平成26）年に制定された空家等対策の推進に関する特別措置法（特措法）が、翌年5月に全面施行されたことで、新たな段階が到来しました。

　空き家問題は、いわゆる右肩下がりの人口構造の変化に伴い、急速に顕在化し、これから先も発生数の増加と状況の深刻さをより深めていくことが予想されます。しかしながら、どこの自治体でも、人も予算も増える見込みのない現状において、新たな業務にエネルギーを注ぐことには困難が増しています。

　そこで本書は、「空き家問題の着手から解決まで」のすべてをカバーすることを心がけました。その全体像は14・15頁の図でご覧いただけます。

　もちろん、住民の苦情や相談に促されて自治体が重い腰を上げて対処に向かう課題は他にもいろいろあるでしょう。また、問題のどの側面を捉えるかによって担当部署が大きく変わる課題もいろいろ考えられます。まして、人口構造の変化に伴い自治体に解決が迫られる新たな課題は目白押しです。すなわち、空き家問題は、そうした幾多の課題の典型事例と見ることもできます。
　本書は、空き家問題への具体的な対処を通じて、さらにその先に歩みを進めようとする積極的な読者にも応えられるよう努めました。

2016（平成28）年9月

執筆者を代表して
宮﨑伸光

CONTENTS

自治体の「困った空き家」対策──解決への道しるべ ●目次

はしがき ……………………………………………………………… 003
空き家問題の着手から解決まで …………………………………… 014

第1章 空き家問題解決への見取り図

1 空き家問題への接近 ……………………………………………… 017
　空き家に起因する危険や迷惑 …………………………………… 017
　「困った空き家」の解消へ ………………………………………… 019

2 「困った空き家」に至るステージ ………………………………… 020
　「困った空き家」への過程 ………………………………………… 020
　空き家が生まれる「きっかけ」 …………………………………… 021
　管理の手から離れる「きっかけ」 ………………………………… 022
　「困った空き家」に転じる理由 …………………………………… 023
　ステージの進行防止と逆転を促す予防的施策 ………………… 024

3 「困った空き家」対策の全体像と本書の構成 …………………… 026
　本書の構成 ………………………………………………………… 026

　本文の1歩先① 空き家「820万戸」の虚実 …………………… 030

第2章 特措法以前の法的手段

1 従来の個別法律による対応とその限界 ………………………… 033
　消防法による対応 ………………………………………………… 033

  建築基準法による対応 ·· 035
  道路法による対応 ··· 036
  景観法による対応 ··· 037
  災害対策基本法による対応 ·· 038

2 特措法を導いた各地の条例とその限界 ················ 039
  初期の空き家対策条例に見る対象と手法 ················ 039
  特措法以前の空き家対策条例の発展 ······················· 041
  空き家対策条例の限界と優位性 ······························· 042

 本文の1歩先② 経済社会構造の変化に伝来する空き家 ············· 044

第3章 特措法の概要

1 特措法の目的と対象 ··· 047
  特措法の目的(1条) ··· 047
  空家等の定義(2条) ··· 048

2 特措法による手続き ·· 052
  立入調査等(9条) ··· 052
  所有者の調査(10条) ·· 053
  特定空家等への措置(14条) ······································ 054
  罰則(16条) ·· 056

3 空家等対策計画と協議会 ································ 056
  空家等対策計画(6条) ·· 057
  国の財政支援(15条) ·· 058
  協議会の設置(7条) ··· 058

 本文の1歩先③ 不動産管理責任の重層構造 ································ 060

第4章 取組みの初動と実態調査

- **1 苦情や相談等による取組みの開始** …………………… 063
  - 相談者へのヒアリング ……………………………………… 063
  - 相談者を味方につける ……………………………………… 065
  - 関係部署への内部照会 ……………………………………… 065
  - 現地調査の事前準備 ………………………………………… 066
- **2 所有者調査** ……………………………………………… 068
  - 登記簿謄本を調べる ………………………………………… 069
  - 住民票をたどる ……………………………………………… 070
  - 所有者が転出していた場合 ………………………………… 071
  - 所有者が死亡していた場合 ………………………………… 072
  - 固定資産税等の課税情報の利用 …………………………… 072
  - 医療ないし福祉情報の調査 ………………………………… 074
  - 民間事業者等への照会 ……………………………………… 075
  - 自治会・町内会等へのヒアリング ………………………… 076
- **3 現地調査** ………………………………………………… 076
  - 現地調査の目的 ……………………………………………… 076
  - 空き家かどうかの確認 ……………………………………… 077
  - 立入調査の心得 ……………………………………………… 079
  - 対処方法を判断する材料の収集 …………………………… 079
  - 調査記録の作成と保管 ……………………………………… 080
- **本文の1歩先④** これも空き家!? ……………………………… 082

第5章 「特定空家等」の認定基準

1	認定基準を設定する際の留意点	085
	不確定概念の明確化	085
	信頼性の担保	086
2	基準の具体化	088
	「保安」基準の具体化	088
	「衛生」基準の具体化	089
	「景観」基準の具体化	090
	「生活環境」基準の具体化	091
本文の1歩先⑤	防犯上の問題がある空き家	092

第6章 即時対応を要する場合

1	即時対応施策の前提	095
2	所有者の同意による措置代行	097
3	事務管理の法理による対応	098
4	即時強制による対応	100
5	緊急対応の備えと心構え	101
本文の1歩先⑥	事務管理の法理をめぐる論点	104

CONTENTS

第7章 特措法による措置

- **1 助言・指導** ……………………………………………………… 107
  - 助言・指導の内容 ……………………………………… 107
  - 効果のある具体的内容を指導する ………………… 108
  - 助言・指導の形式 ……………………………………… 109
- **2 勧告** ……………………………………………………………… 110
  - 勧告文書の送付 ………………………………………… 110
  - 措置の実施報告 ………………………………………… 111
- **3 勧告の効果と固定資産税への影響** ………………………… 111
  - 税務部門との連携 ……………………………………… 112
  - 特措法上の勧告と処分性 ……………………………… 113
  - 現実的な対応を具体的に考える ……………………… 113
- **4 命令** ……………………………………………………………… 115
  - 命令前の手続き ………………………………………… 115
- 本文の1歩先⑦ 特措法上の勧告の法的性質に係る論点 ………… 116

第8章 強制的解決策

- **1 行政代執行** ……………………………………………………… 119
  - 代執行の要件 …………………………………………… 120
  - 代執行の手続き ………………………………………… 121
- **2 略式代執行** ……………………………………………………… 126
  - 略式代執行の要件 ……………………………………… 126

| 009

略式代執行の手続き ··· 127
3　税務部門との協力策 ··· 128
　本文の1歩先⑧　即時強制に係る費用をめぐる論点 ················ 132

第9章　誘導的解決策

1　誘導的解決策を実施する場合の配慮事項 ····················· 135
　私有財産への公金支出の正当性 ································· 136
　空き家の「理由（わけ）」を聞く ································ 136
　経済的「理由（わけ）」への配慮 ································ 137
　心理的「理由（わけ）」への配慮 ································ 138
　種々の事情への備え ··· 138
2　誘導的解決策の具体例 ·· 139
　措置代行や業者紹介 ··· 140
　不動産仲介業者への協力要請 ······································ 141
　空き家バンクの活用 ··· 142
　寄付を受け跡地を活用 ·· 143
3　文京区の取組み ··· 144
　施策の経緯と視点 ··· 144
　地域特性に理由を探る ·· 145
　理由に応じた誘導的施策開発 ······································ 146
　具体的手法と要点 ··· 146
　本文の1歩先⑨　不在者財産管理人制度 ··························· 148

CONTENTS

第10章 所有者のない空き家

1 所有者不存在の調査確認作業 ………………………………………… 151
2 相続財産管理人制度 …………………………………………………… 153
　　相続財産管理人選任の手続き ……………………………………… 154
　　相続財産管理人選任の請求に必要な書類 ………………………… 155
　　新所有者確定までの空き家管理 …………………………………… 158
3 山武市における取組み ………………………………………………… 160
　　環境保全課による取組みの開始 …………………………………… 160
　　検察官への相談 ……………………………………………………… 161
　　関係書類の収集 ……………………………………………………… 162
　　検察官による申立てを経て相続財産管理人により売却 ………… 162

本文の1歩先⑩ 代襲相続制度 ……………………………………………… 164

第11章 空き家問題を想定した備え

1 「空家等対策計画」の策定 …………………………………………… 167
　　計画内容の検討 ……………………………………………………… 168
2 空き家調査とデータベース …………………………………………… 174
　　基礎データの収集 …………………………………………………… 174
　　調査の目的・範囲・方法・活用を考える ………………………… 175
3 内外体制の構築 ………………………………………………………… 177
　　住民への対応を適切に行うために ………………………………… 177

空き家対策を円滑に進めるために ………………………………… 178
庁内体制の整備 ………………………………………………… 179
庁内各部署の役割 ……………………………………………… 180
全庁的な協力体制の継続 ……………………………………… 183
自治会・町内会等との協力体制 ……………………………… 184

本文の1歩先⑪ 空き家問題の背後に潜む深層の問題 …………………… 186

第12章 特措法と条例の併存関係における法務

1 既存条例と特措法の抵触 ………………………………… 189
　措置の順序 …………………………………………………… 189
　法的根拠の曖昧性 …………………………………………… 190
　過料に関する規定 …………………………………………… 191
2 特措法の確実な執行促進 ………………………………… 192
　義務規定化 …………………………………………………… 192
　執行要件や方法の明確化 …………………………………… 193
　特措法の施行前後に措置がまたがる空き家への対応 …… 193
3 特措法に欠ける内容 ……………………………………… 194
　防犯上問題がある空き家の定義上の扱い ………………… 194
　公表に関する規定 …………………………………………… 195
　集合住宅に関する規定 ……………………………………… 196
　議会の関与 …………………………………………………… 197

空家等対策の推進に関する特別措置法 ………………………… 198
あとがきにかえて──ちば自治体法務研究会からのメッセージ ………… 202

凡 例

法令等および判例、文献を略記した箇所があります。次の略記表を参照してください。

略 記 表

<略記>	<正式>
特措法	空家等対策の推進に関する特別措置法（平成 26 年法律第 127 号）
基本的な指針	空家等に関する施策を総合的かつ計画的に実施するための基本的な指針（平成 27 年総務省・国土交通省告示第 1 号）
ガイドライン	「特定空家等に対する措置」に関する適切な実施を図るために必要な指針（ガイドライン）（平成 27 年 5 月 26 日、国土交通省・総務省）
パブコメ結果	『「特定空家等に対する措置」に関する適切な実施を図るために必要な指針（ガイドライン）（案）』に関するパブリックコメントに寄せられたご意見と国土交通省及び総務省の考え方（平成 27 年 5 月 26 日、国土交通省・総務省）
最判	最高裁判所判決
高判	高等裁判所判決
自民党・特措法解説	自由民主党空き家対策推進議員連盟編著／宮路和明・西村明宏・山下貴司執筆『空家等対策特別措置法の解説』（大成出版社、2015 年）

○空き家問題の着手から解決まで

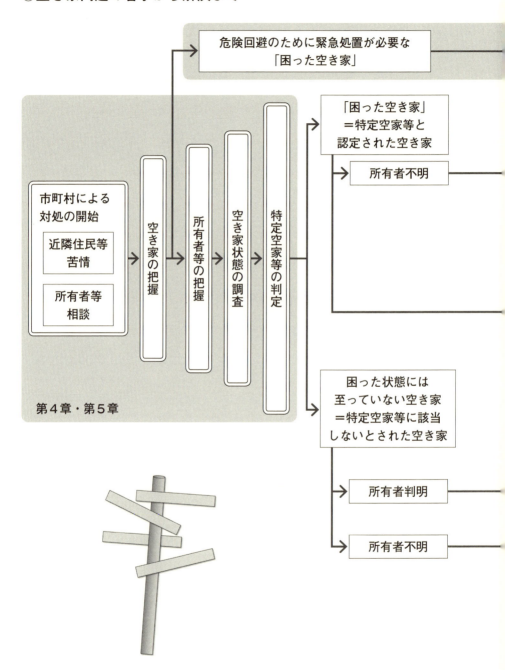

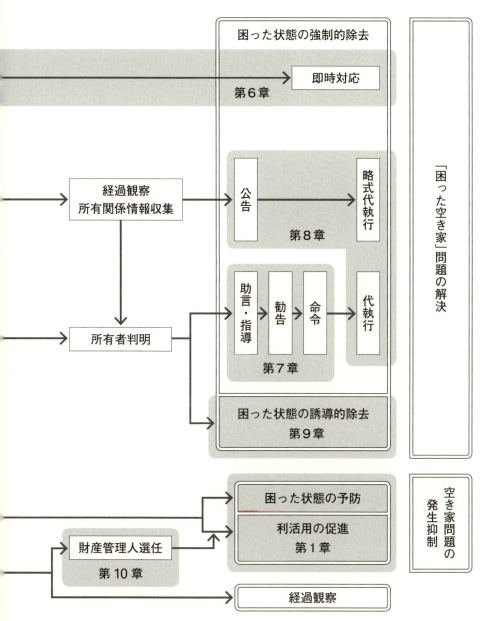

特措法以前の法的対処については**第2章**
特措法の概要については**第3章**
空き家問題の発生を想定した備えについては**第11章**
特措法と条例の関係に関する法務については**第12章**

第1章 空き家問題解決への見取り図

　現在、全国各地の自治体は空き家に起因するさまざまな問題の対処に迫られています。適切な管理に欠ける空き家は、月日とともに劣化を進め、ついには周囲に迷惑を及ぼす厄介な存在になります。空き家問題は、さまざまな形で現れ、有効な解決策もそれぞれに違います。また、問題を発生させている眼前の空き家が除却されればそれでよいとばかりもいえません。本書は、主な読者として自治体の職員を念頭に置き、空き家問題を解決に導くための実務に役立つ具体的な情報を提供します。

1　空き家問題への接近

　現在、全国各地の自治体において悩みの種になっている空き家問題は、日々深刻さを増していると表現しても過言ではなく、その解決はまさに急務ともいえます。しかし、妙案1つとその実践によって根治し得るほど事は簡単ではありません。

■ 空き家に起因する危険や迷惑

　空き家とそれに起因する社会問題のあり方は実に多種多様です。
　空き家問題は、一般に防災、防犯、衛生、景観、生活環境などの面で問題を引き起こすと言われますが、具体的に解決を待つ状況は個々に大きく異なります。
　たとえば、観光地においては、空き家が景観問題を発生させることで地域のイメージが著しく損なわれ、客足を遠ざけてしまうおそれがあります。しかし、その一方では、反対に人を引き寄せる廃墟ブーム

という厄介な傾向もあります。廃屋化した巨大施設、とりわけそれが元病院であったりすると、インターネット上に怪しげな情報が拡がり、それを見たマニアが夜な夜な集まってくることもあります。

公営住宅が空き家となり放置された場合には、そもそも住宅供給に係る政策の妥当性までもが議論の対象になるかもしれませんし、青少年の非行問題や薬物乱用問題など、一見関連が薄弱そうな問題も空き家との関わりをもって論じられることがあります。

どこまでを空き家問題と認識し、自治体の政策によって解決を図るかについては、さまざまな意見があり得ます。

「空き家問題」という一般的な呼称は、空き家に起因する諸問題の総称ですが、自治体に寄せられる苦情や相談等に端を発しています。迷惑と感じた近隣の人の意識と行動に基づくところに特徴があります。迷惑の内容はさまざまですが、防災、防犯、衛生、景観、生活環境などをはじめいずれの面においても、空き家の現状による直接被害ばかりではなく、より深刻な事故や事件などが誘発されるおそれ、すなわち推測や憶測までもが含まれます。苦情や相談等を寄せる人は、実際に直接被害を受けた人や将来被害を受けそうな人に限られるわけでもありません。

また、苦情の鉾先が自治体に向けられる理由は、「近所の手前もあって匿名性を担保したい」という理由のほか、「誰に言えばよいかわからない」「自治体ならなんとかしてくれるだろう」あるいは「誰でもよいからとにかく不満をぶちまけたい」などが考えられます。中でも、「誰に言えばよいかわからない」という理由には、誰が事態の改善に責任を負うべきなのかわからない、すなわち建物の管理責任に関する理解がない場合と、当該空き家についての管理責任者の行方がわからない場合、さらに当該空き家の管理責任者自体が不明な場合のそれぞれがあります。

もちろん実際の空き家問題は、苦情や相談等があって初めて事態が明らかになるものばかりではありません。しかし、適切な管理に欠ける空き家は徐々に荒廃し状況を悪化させますので、苦情や相談等は自

治体行政が対応に着手せざるを得なくなる契機の1つになります。

■「困った空き家」の解消へ

　空き家と似た言葉に廃屋があります。それはもはや元々の用途を果たし得ない点で空き家と区別することもできますが、地域社会に及ぼす迷惑という観点からは、区別する実益に欠ける場合もままあります。
　喫緊の自治体政策課題としての空き家問題は、その建物および敷地内の立木等に適切な管理がなされず周囲に迷惑を及ぼす状況に至っている社会問題です。
　そこで、たとえば軒並み売れ残った建売住宅が並ぶ造成地は、開発業者にとっては空き家の問題に他なりませんが、周囲に迷惑を及ぼしているわけではなく、ここでいう空き家問題には当たりません。
　一方、自治体が対応しなければならない空き家としては、老朽化による倒壊等の危険な状態にあるものだけにとどまりません。たとえば、「庭木が手入れされず敷地を越えた枝が伸び放題」「雑草の異常な繁茂」「シロアリなど害虫の発生源」「廃棄物の投棄」「腐臭」あるいは「周辺の景観の阻害」とか、「窓や玄関の破壊による不特定多数者の侵入」等々の状態にあるものなど、「今すぐ」ではなくとも、対応しなければならない空き家には、いろいろなものが数多くあります。
　こうした中でも、たとえば雑草の繁茂や害虫の発生、あるいは廃棄物の腐敗等については、とくに夏期に迷惑な状態になるでしょう。また、豪雪地帯では、積雪期に空き家の雪下ろしがされないままでは屋根からの落雪や建物の倒壊のおそれが生じることもあります。つまり、危険や迷惑には、季節性や地域性もあります。
　これら多種多様な対処を要する空き家も、空き家のすべてではありませんので、総称するには難しさがあります。本書では、こうした、適切な管理がなされないまま放置され、周囲の住民が危険や迷惑、不安を感じ、もはや周囲の住民からすれば打つ手がなく、すぐにではないにせよ（もちろん、すぐにでも対応しなければならないものもありますが）、自治体としての対応が必要とされる空き家を、「困った空き

家」と呼ぶことにします。以下においては、自治体が直面する典型的な「困った空き家」、すなわち一般住宅の「困った空き家」を主な検討対象に絞って話を進めます。

　なお、特措法では、空き家とその敷地やその範囲内の立木等の定着物をまとめて示す言葉として「空家等」が用いられており、空き家等の所有者または管理者については、「所有者等」と表記されています。後者について本書では、とくに誤解を招きかねない場合と同法を引用する場合以外は「所有者」と記します。

　空き家問題は、手をこまねいて放置をすれば確実に悪化の一途をたどります。しかし、所有者の財産権にも関わりますので、他者が迂闊に手を出すわけにもいきません。

　2015（平成27）年5月に特措法が全面施行されたことで、自治体の「困った空き家」対策は、新しい段階を迎えました。しかし、空き家問題は、特措法の適用に頼るばかりでは決して解決できません。

　そこで本書は、種々の課題に直面し頭を悩ます読者が、多様な解決手法の中からそれぞれに最も適した方策を選択できるように、なるべく実例を織り込むなどして、実務に役立つ情報の提供を目指します。

2　「困った空き家」に至るステージ

　賑わいを見せていたまちが、ある日突然「困った空き家」だらけになる、ということはあり得ません。人が住み利活用されている住宅は、何らかの「きっかけ」を段階的に経て、「困った空き家」へと転じます。ここでは、その典型的な段階をステージと呼び、「困った空き家」に至る過程を考えてみましょう。

■「困った空き家」への過程

　「困った空き家」に転じるまでの過程を簡単に示すと次のようになります。

○「困った空き家」に至るステージ

```
┌─────────────────────────────┐
│ ステージ０：利活用されている住宅 │
└─────────────────────────────┘
      ↓   利活用している居住者等によって管理がされている状態

┌─────────────────────────────────┐
│ ステージ１：所有者の管理下にある空き家 │
└─────────────────────────────────┘
      ↓   利活用はされていないが、所有者によって管理がされている状態

┌─────────────────────────────────┐
│ ステージ２：管理の手を離れた空き家   │
└─────────────────────────────────┘
      ↓   所有者の管理下から離れ、誰も管理をしていない状態
          （ただし、危険や迷惑はまだ目に見えない）

┌─────────────────────────┐
│ ステージ３：「困った空き家」 │
└─────────────────────────┘
          管理者不在で、さまざまな危険や迷惑が発生している状態
```

■ 空き家が生まれる「きっかけ」

「ステージ０（利活用されている住宅）」から「ステージ１（所有者の管理下にある空き家）」に転じる「きっかけ」としては、次のようなことが考えられます。

① 家の買い替えや転居
② ひとり暮らしをしていた所有者の死亡
③ ひとり暮らしをしていた所有者の施設入所や入院
④ 所有者以外でひとり暮らしをしていた居住者の死亡、または施設入所や入院

このうち、①については、それ以前に利活用されていた家の多くは、売却用にせよ、賃貸用にせよ、一般に流通に委ねられ、不動産仲介業者等の管理下に置かれます。このような形で空き家が生じ、ステージが進行することは、人口移動それ自体をなくすことはできませんので、ある程度は避けられません。

②～④も、それぞれの状況が生じること自体は避けられません。

しかし、次のそれぞれのような場合には、「ステージ0」から「ステージ1」ではなく、いきなり「ステージ2」に進行するときもあります。

②について、相続人がいない、相続が放棄された、相続争いで管理者がまとまらない、などの場合

③について、その後を管理する家族等がいない、疎遠である、そもそも気づかない、などの場合

④について、所有者が遠隔地に住んでおり、利活用するあてもないため、管理する動機がない、などの場合

■ 管理の手から離れる「きっかけ」

「ステージ1（所有者の管理下にある空き家）」から「ステージ2（管理の手を離れた空き家）」に転じる「きっかけ」としては、次のようなことが考えられます。

① 所有者が売る・貸す・利活用するのをあきらめ、管理を放棄
② 空き家を引き継いだ人なりに管理していたものの、不適切
③ 空き家を引き継いだ人が管理を始めたものの、挫折
④ 空き家を引き継いだ人が、管理の必要性に無自覚

ここで①のように、売ろうとしても売れない、貸そうとしても貸せない空き家は、どうしても皆無にはできません。とりわけそうした状態が長くなると、所有者が自ら使うこともなければ「もういいや」と管理をあきらめてしまうこともあるでしょう。

一方、②や③は、独居していた居住者の建物の管理を、法的ないし道義的な筋から、その家族等が引き継いだ場合の話です。

②は、「自分のできる範囲で」ということで、たとえば盆暮れには引き継いだ家を訪れて、そのときにできる範囲の管理（家に風は通すけど、雑草はむしったりむしらなかったり、ゴミは年末年始は出せないからお盆だけ、等）をしているものの、周囲の住民にしてみれば、その間にも雑草は繁り、木の枝は伸び、投げ入れられたゴミは1年近く放置される、などといった状態です。

また、③は、周囲の人への気遣い等もあり、月1回は引き継いだ

家を訪れて管理していたが、交通費や労力の限界に達して続かなくなった、などというような状態です。

そして、④は、疎遠な親戚からの相続等によって所有権を引き継いだ人が、そもそも引き継いだことに気がついていないか、気がついていても「空き家は放っておいても大丈夫だろう」と判断して、周囲の人からの苦情等にも気づかないなどの状態です。問題意識がないだけに根が深いともいえますが、一方で、気づきさえすれば適切な管理を行うようになる場合もあります。

■「困った空き家」に転じる理由

「ステージ２（管理の手を離れた空き家）」から「ステージ３（困った空き家）」への転換、すなわち、管理の手を離れた空き家が、なぜ取り壊されずに「困った空き家」になり、その後も放置されるのか、という理由としては、次のようなことが考えられます。

① 住宅を解体すると土地の固定資産税が急激に上がる
② 住宅を解体するのに手間も費用もかかり、面倒くさい
③ その空き家に思い入れがあり、解体するのに忍びない
④ そもそも「解体する」という判断ができる人がいない

このうち、①については、特措法の施行に伴う地方税法の改正によるもので、詳細は本書７章に譲ります。

②については、実際のところ、多くの場合に解体費用として100万円単位の金額がかかります。また、遠隔地の建物の解体ともなれば、そのための見積りや打合せなど、所有者にはさらに相当の負担が生じます。相続関係が複雑であれば、解体するための意思を相続人の間でまとめることも、容易ではないでしょう。

また、③については、たとえば、子どもが生家を相続した場合にしばしば起こります。「もう管理はできないが、自分の育った家であり、自分の代で自ら解体するには忍びない」という心理です（9章参照）。

これらに比べ、④は、最も深刻な状況です。所有者である独居高齢者が亡くなった場合や、認知症等により判断能力を失っている状態で

長期入院等をした場合で、相続人や家族も不明ないし存在しないとき、残された「困った空き家」をどうするか。そのままでは、判断できる人がいないため、自治体による対応が強く求められます（10章参照）。

■ ステージの進行防止と逆転を促す予防的施策

　進展する少子高齢化、人口・世帯数の減少、減速しない新規住宅の着工状況、等々をふまえると、空き家の増加は、おそらく今後も相当な勢いで進むでしょう。そこで、強制的であれ、誘導的であれ、「困った空き家」を除却していく対症療法には、一定の限界も想定できます。

　たとえば、野村総合研究所は、空き家数を「820万戸」と推計した「平成25年住宅・土地統計調査結果」（総務省統計局）等を基に、2033（平成45）年には、空き家数・空き家率がいずれも2013（平成25）年の2倍以上になると予測しています。本当にそうなれば「困った空き家」の数も、現状の2倍をはるかに超えるかもしれません。

　そこで、「困った空き家」への対応と並行して、「困った空き家」に至る前の空き家を「困った空き家」にしない取組み、すなわち、ステージの進行防止あるいはステージの逆転を促す予防的施策が、空き家問題の抜本的対応として、重要性を増してきます。

　ステージごとに、いくつかの予防的施策例を考えましょう。

[1] 利活用されている住宅（ステージ0）から空き家への進行防止

　まず、迂遠なようでも、定住の継続に資する実効性のある政策づくりとその実施を挙げることができます。まちの魅力で人口の流出を防ぐということは、間接的に空き家の発生防止にもつながります。

　また、ひとり暮らしの方の長期入院、入所、あるいは死亡については、それぞれに対するきめ細かい支援施策や、市町村長の申立てによる成年後見人の選任等による対応が考えられます。万一、ひとり暮らしの方にこうした事態が起きた場合に備える配慮のうちに、空き家の管理が長期間なされない状況に陥ることの防止を含める、という対策です。

いずれにせよ、暮らしやすいまちづくりを進めるという、一見遠回りのような政策を着実に進めることが、空き家問題に対してもよい効果を発揮することに違いありません。

［2］管理の手を離れた空き家（ステージ2）からの逆転

「困った空き家」の1歩手前の状態から戻るためには、まず、助言・指導が大切でしょう。特定空家等（特措法2条2項。3章参照）であれば、特措法を根拠とする助言・指導になりますが、空き家の状態がそこまでに至っていないときには、法律に根拠を求めるとすれば、建築基準法等になります。

しかし、より実効性を高めるには、法的手段ばかりに頼らず、たとえば「周囲の住民は、こういうことに困っています」と知らせるなどの、所有者に対する任意の働きかけや、管理代行事業者の紹介、あるいは管理費・改修費の助成など、所有者が無理なく管理を継続できるような支援策と組み合わせることが有効でしょう。

［3］所有者の管理下にある空き家（ステージ1）からの逆転

さらにもう1歩手前の状態、すなわち所有者の管理下にある空き家に対しては、不動産仲介業者やNPO等と連携して、利活用希望者とのマッチングの仕組みを作ることが考えられます。空き家バンクもその1つです。あるいは、行政が当該建物およびその敷地を取得ないし借り受けて、コミュニティ施設等として利活用する、ということが有効な場合もあるでしょう（9章参照）。

空き家問題への対応諸策は、本書の各章で詳しく掘り下げます。全国各地の自治体では、すでに創意工夫を凝らした、多種多様な対応がされていますので、なるべく実例も織り込みます。とはいえ、いたずらに、他の自治体でうまくいっている対応を丸呑みして実施していくのではなく、まずは日頃の備えをしっかりと固めて、既存の法律や条例を活かすか、自主条例を中心に進めていくかなども含めて、自治体が置かれた状況や組織風土に適う形で、対応を進めることが大切です。

3 「困った空き家」対策の全体像と本書の構成

　「困った空き家」に対しては、どこの自治体でもいわば対症療法としての対応が避けられません。とくに、喫緊の対応が迫られるものについては、即時対応が必要でしょうし、それほど緊急性が認められないとしても、放置し続けることで倒壊等の危険が予見されるのであれば、強制的な手法による対応が必要な場合もあるでしょう。しかし、たとえ「困った空き家」でも、それなりに時間の余裕がある場合などには、まずは誘導的な手法を試み、所有者による自主的な解決を目指すことが必要です。それらを含め、「困った空き家」対応の全体像は、概ね本章の前に見開きで示した「空き家問題の着手から解決まで」（14・15頁）のとおりです。

■ 本書の構成

　本書の構成は、概ね「困った空き家」対応の全体像を示した「空き家問題の着手から解決まで」の流れに従います。詳しくは各章に譲りますが、必要に応じてどの章に進めばよいかがわかるように、それぞれ簡単に説明します。

［1］特措法以前の法律・条例による対応と特措法の概要

　「困った空き家」は近年件数を増してきたとはいえ、その問題自体は決して新しく発生したものではありません。特措法が制定されるかなり前から、空き家問題に悩まされる自治体では、個別の法律や独自の空き家対策条例による対処をしてきました。

　そうした工夫にはさまざまな限界もありましたが、特措法の施行後でも有効なものもあります。そこで、特措法の適用以外に対処法を探ることには、今日なお意味があり、そこから個別の事情に合った最適な解決手法が導かれることもあります。

　また、2015（平成27）年5月に全面施行された特措法は、それま

での空き家対策条例の成果をふまえ、法律に根拠を有することではじめて可能となる手法を用意した点で画期的なものです。これを十分に活用して空き家問題に対処することが、すべての自治体に求められています。

本書2章と3章を参照してください。

[２] 特定の空き家に対する取組みの開始から「特定空家等」の認定まで

特措法が施行されてからは、近隣住民からの苦情や相談等により「困った空き家」と推定される建物については、まず同法の適用を念頭に置きつつ対応することになりました。すなわち、相談者等への対応に始まり、当該建物に関する各種調査等に進みます。また、こうした初動体制に続く「特定空家等」の認定は、その後の対応を分ける非常に重要なポイントになりますので、その基準設定や判定については慎重な配慮が必要です。

本書4章と5章を参照してください。

[３] 緊急の解決を要する場合の即時対応

特措法に規定されている手続きをふむ暇すらなく、即時対応が必要な場合もあります。ただし、これについては特措法に定めがないため、定めるとすれば自主条例によることになります。

この措置は、所有者に解決を促す段階的手続きがなく、所有者が不明の場合でも進められます。そこで、必要最小限の措置であることが要求され、一般には当該建物の取壊しまでは認められないと考えられています。なお、対応の法的根拠には諸説あります。

本書6章を参照してください。

[４] 特措法による助言・指導から強制的解決策に至る措置

「困った空き家」が特措法上の「特定空家等」と認定された後は、同法に基づいて、助言・指導、勧告、命令という段階的手続きをふみ、最終的には当該特定空家等を行政代執行により強制的に解体して問題

を解決することができます。強制的な手法だけに途中の手続きにも誤りがないように十分注意する必要があります。

　なお、所有者が確知できず、上記の段階的手続きをふむことができない場合に備え、略式代執行という手続きも特措法に規定されています。

　本書7章と8章を参照してください。

［5］自主的解決を促す誘導的解決方法

　当該空き家の所有者が判明している場合は、所有者自身の意思による自主的解決を促し、奏功すればそれが最善とも考えられます。

　自治体による措置代行、不動産業者に対する協力要請、空き家バンクの活用などの他、自治体が当該空き家とその敷地の寄付を受けて活用を図るという方法などがあります。

　いずれにしても、所有者の話に十分に耳を傾け、その気持ちに寄り添って、最も適した手法を紹介することが肝要です。

　本書9章を参照してください。

　なお、文京区（東京都）における実例も詳しく紹介します。また、措置代行については6章の即時対応と重なるところもあります。

［6］所有者のない空き家への対処方法

　調査が進む過程で、当該空き家に所有者のないことが推測されるときがあります。そうした場合でも、事態の悪化を防ぐための対処が自治体に求められることもあります。

　所有者がいないことを確定する作業には労力を要しますが、間違いのないよう着実に進める必要があります。そして所有者の不存在が確定した後は、相続財産管理人制度や不在者財産管理人制度を活用して対処する方法もあります。また、上述したように特措法上の略式代執行によって当該空き家を除却することも可能です。

　本書10章を参照してください（略式代執行については8章）。

　なお、山武市に、同市が関わり、相続財産管理人による売却を経て、アトリエとして再利用された所有者のない空き家の実例がありますの

で、それも10章で詳しく紹介します。

[7] 対策の備えと法務

　「困った空き家」対応の全体像を示した「空き家問題の着手から解決まで」は、近隣住民等からの苦情ないし相談等を受けた初動体制から始まっています。その後の流れについては、上述のとおりですが、この図には現れていない重要な対策を補います。

　それは、1つには、自治体として空き家問題にどのような方針で取り組むのか、あるいは一連の手続きをどう進めるか、などを事前に備え広く明らかにすることです。そのことにより、この図にあるいずれの対策を進める場合でも、より円滑に対応を進めることが期待できます。

　特措法では、「空家等対策計画」を策定することが規定されています。いわゆる「できる規定」で、策定するかどうかは自治体に任せられていますが、この計画を積極的に活用することも考えられます。

　もう1つは、適切な法務上の対処です。特措法が施行されたことで、既存の空き家対策条例と併存する自治体も少なくありませんが、既存条例と法律は抵触する場合もあり、自治体には適切な法務が必要とされます。また、特措法の施行後に、空き家対策条例を創設する自治体も後に続いていますが、その場合においても、同様の配慮が求められます。

　本書11章と12章を参照してください。

[8] 予防的措置

　空き家問題を抜本的に解決するためには、すでに存在している「困った空き家」を前提とした対策だけでは足りません。

　本書では、すでに見たように、住宅が「困った空き家」へと転じる過程をステージの転換として捉えました。各ステージの進行を防止し、あるいは前のステージに逆転させる方策も必要です。

　本章ですでに検討した部分に加えて、9章と11章も併せて参照してください。

本文の1歩先 ①

空き家「820万戸」の虚実

　全国の空き家総数820万戸、この衝撃的な数字は、2013（平成25）年度に総務省によって実施された「住宅・土地統計調査」の結果として公表されて以来、しばしばいわゆる「独り歩き」をしています。同調査では、空き家は住戸全体の13.5%ともされていますから、8戸に1戸を超える割合になります。しかし、いわゆる「皮膚感覚」からしてみても、本当にそれほど多いと感じる人はおそらく誰もいないでしょう。

　仮に、この調査結果を素直に信じるとしても、自治体が「空き家問題」としてその820万戸のすべてに対応しなければならないわけではありません。

住宅・土地統計調査に見る数字

　総務省「住宅・土地統計調査」の結果を少し詳しく見てみましょう。

　内訳を見ると、「二次的住宅（別荘・都市部の別宅等）」41万戸、「売却用の住宅」31万戸、「賃貸用の住宅」429万戸、「その他の住宅」318万戸、とされています。

　このうち、二次的住宅は所有者ないし管理人が、売却用の住宅は売り手が、賃貸用の住宅は貸し手が、それぞれ管理しているはずですから、自治体に対応が迫られる空き家からは外れます。つまり、自治体の「空き家問題」の対象は、この「その他の住宅」に絞られます。

　そこで、さらに「その他の住宅」の内訳を見ると、腐朽・破損のあるものは105万戸で、そのうち共同住宅が15万戸、長屋建が7万戸含まれており、腐朽・破損のある一戸建は82万戸余りとされています。

　たとえ腐朽・破損があってもその程度は千差万別に違いありません。共

同住宅や長屋の場合には、住戸レベルでの腐朽・破損が1棟全体の倒壊等を引き起こしかねないことはないか、あるとしてもごく稀でしょう。

結局、「空き家問題」を象徴するような、倒壊の危険性などにより、すぐにでも自治体に対応が迫られる「危ない」空き家は、かなり多めに見積もっても「820万戸」の数10分の1程度ということになります。

調査の方法による限界

以上は、「820万戸」を素直に信じた場合です。

住宅・土地統計調査は、抽出調査です。調査報告には、「調査期日において調査単位区内から抽出した住宅及び住宅以外で人が居住する建物並びにこれらに居住している世帯（1調査単位区当たり17住戸、計約350万住戸・世帯）を対象とした」とあります。加えて、「空き家などの居住世帯のない住宅については、調査員が外観等から判断することにより、調査項目の一部について調査した」とあります。つまり、外から眺めただけで、腐朽・破損の有無までも判定しています。また、共同住宅や長屋については、建物1棟ではなく、住戸の1戸を調査単位としている点にも注意が必要です。

自治体の空き家問題担当者や建築部門の職員ならずとも、首をかしげたくなる調査方法ですが、これ以上の規模で数字を示す全国調査はありません。

さらに、国土交通省は、この調査の対象となった住宅から戸建て空き家等を抽出して、「空家実態調査」を実施しています。しかし、その調査対象数は全国で1万1千件余り、有効回答数は3千件余りです。ここではその内容に詳しく踏み込みませんが、この「空家実態調査」の結果を見る際には、住宅・土地統計調査よりさらに少ない標本からの抽出調査・推計調査であることに留意することが必要です。

第2章 特措法以前の法的手段

　特措法が制定された今日では、「困った空き家」への対処に迫られた自治体は、特措法に解決策を求めがちになります。それは必ずしも誤りではないのですが、特措法ばかりに目を向けていては、有効な対処法を逃してしまうおそれもあります。実際、特措法が制定される前から「困った空き家」に悩まされていた自治体では、既存の法律を活用して対処に当たってきました。さらに、独自の条例を開発して問題の解決に努める自治体もありました。

　ただ、既存の法律は、いずれも空き家問題そのものに焦点を当てたものではなく、それぞれに適用できる範囲が限られるなどの課題もあります。とはいえ、特措法の施行後も、これらの法律は効果を失ったわけではありません。

　まず本章では、特措法以前から空き家問題に対処する根拠法としてそれぞれの側面から活用されてきた諸法律と独自条例の有効性と限界を確認します。

1　従来の個別法律による対応とその限界

■ 消防法による対応

［１］消防法関係規定

　消防法は、空き家に対して何らかの働きかけを行う際の法的な根拠として、特措法が施行される以前から、最も効力を発揮する法律の１つです。

　それは、立入検査の権限が規定されていること（4条1項）、一定

の条件の下で物件の整理または除去などを命令できること（3条1項）、命令が履行されない場合に行政代執行法の定めるところに従い、代執行を行うことができること（同条4項）などの具体的規定に見ることができます。

［2］活用とその限界

「困った空き家」に多く見られる例として、たとえば敷地内に繁茂した樹木の落ち葉や枯草が大量に堆積し火災の危険がある場合については、立入検査ができます。そして、その状態の改善を所有者に依頼するなり、場合によっては改善命令を発することも可能です。

また、玄関や窓に施錠がされず不特定多数の人が自由に出入りできる状態の空き家などについても、放火のおそれがあれば立入検査や命令などが可能です。こうしたケースは、近隣の人々が防犯上の危険を感じている場合も多くあります。通例では、消防職員の注意には、かなりの効果が見込めます。

消防法は、かなり強力な法律ではありますが、決して空き家への対処を主目的とするものではありません。その1条には同法の目的として「火災を予防し、警戒し及び鎮圧し、国民の生命、身体及び財産を火災から保護するとともに、火災又は地震等の災害による被害を軽減するほか、災害等による傷病者の搬送を適切に行い、もつて安寧秩序を保持し、社会公共の福祉の増進に資すること」と規定されています。そこで、消防法による対応には、2つの意味で限界があります。

まず1つ目は、対応者が消防長、消防署長その他の消防吏員に限定されていることです（3条1項）。これらの職員の本務は、火災の消火や予防、傷病者等の救急措置と医療機関への搬送あるいは事故や災害の現場等における救助などですから、空き家対応にかけられる時間は極めて限られます。しかし、その不足を理由に他の部門の職員が消防法を根拠に空き家対応をすることはできません。

2つ目は、対応できる空き家の種類が、火災に関係のあるものに限定されるということです。建物がどんなに傷み危険な状態にあるとし

ても、火災に係る危険性や災害時の避難に支障がなければ対象から外れます。

■ 建築基準法による対応

[１] 建築基準法関係規定

　建築基準法は、建物の安全について定めている法律ですから、特措法施行以前は、まさに空き家対策の「本命」でした。

　建築基準法では、建築物等がそのまま放置すれば「著しく保安上危険」または「著しく衛生上有害」となるおそれがある場合に、特定行政庁が所有者等に対して、建築物の除却を含む措置を勧告することができると規定されています（10条１項）。さらに、勧告の後に対応がない場合は、命令をすることもできます（同条２項）。また、９条の準用規定により行政代執行を（同条12項）、所有者、管理者等を過失なくして知ることができないときには略式代執行（同条11項）を行うことも可能です。

　ここで対象とされている２つの状態は、特措法においても、特定空家等の定義として、２条２項で規定されている状態に他なりません。

　加えて、建築基準法には、建築主事等が空き家に立入検査を行うことができる旨の規定も置かれています（12条７項）。つまり、同法を根拠として空き家の状況確認を行うこともできます。

[２] 活用とその限界

　建築基準法には、行政代執行の実施条件の緩和や、空き家の所有者が不明な場合の略式代執行など、行政代執行法の特別法として位置づけられる非常に有効な規定もあり、特措法と合わせてよりいっそう活用されることが期待されます。

　建築基準法に基づいて空き家の除却や放置された廃棄物等の処分などを行う自治体は、神戸市、大阪市、京都市など、徐々に増えつつありますが、この法律にも限界はあります。

　まず、本法に規定される「著しく保安上危険」に具体的な判断基準

が定められていないことが挙げられます。個人の財産に強制措置を行うには、しっかりとした根拠が必要なことはもちろん、代執行ともなれば、多大な費用、時間、労力が必要なため、なかなか実施に踏み切れないことが少なくありません。

また、建築基準法では対応できない空き家も存在します。たとえば、立木が倒れそうで危険な空き家については、危険の原因が建築物ではないため、対応することができません。

さらに、この法律に基づく措置の権限は特定行政庁に限られています。都道府県知事は特定行政庁ですが、所管する面積が広く、個々の空き家の状況を把握するのは困難です。また、建築主事を置き市町村長が特定行政庁となっている市町村でも、所管の部署にとって空き家対策は中心業務とはいえず、積極的な対応に欠けがちであることは否めません。

■ 道路法による対応

[１] 道路法関係規定

道路法は、沿道区域において「道路の構造に及ぼすべき損害を予防し、又は道路の交通に及ぼすべき危険を防止するため」に必要な場合に、道路管理者がその危険の発生要因となる「土地、竹木又は工作物の管理者」に必要な措置を命ずることができる旨を規定しています（44条）。これは、空き家に関連して発生する問題としては、たとえば「ブロック塀が老朽化して道路に倒れそうになっている」、あるいは「立木の枝が道路にはみ出して通行の邪魔になっている」などという場合に、塀の除去や枝の伐採などをその管理者に対して命じることができるということです。

つまり道路管理者は、道路交通に危険を生じるおそれがあるときなどに、その要因の排除を求めることができます。また、そうした交通に危険を及ぼしている「工作物その他の物件」の所有者、管理者等を過失なくして知ることができないときは、略式代執行ができる旨の規定もあります（71条3項）。すなわち、自らないし他者に委任するな

どして、強制執行をすることもできます。

[２] 活用とその限界

　道路法による「困った空き家」への対策は、対象が同法に規定する状況に合致する状態であれば、効果が見込まれます。そこで、特措法の施行以前は、少しでも法律の根拠に基づいて対応できることはないか、という観点から、その活用法が模索されていました。

　しかし、道路法は、極めて限定的な状況でしか活用することができません。その主な理由は、3つあります。

　その1つ目は、道路構造や道路交通に対して障害が発生しているか、あるいはそのおそれがない限り対象から外れることです。空き家の及ぼす危険等が敷地外に影響し、かつ、そこが道路ということは、実際には適用対象がかなり限られます。

　2つ目は、こうした措置を行うためには、あらかじめ「沿道区域」の指定をしておかなければならないということです。この区域指定の対象は、道路に接する幅20メートルの範囲内ですから、非常に限られます。さらに、そもそも道路に対して危険を及ぼす可能性がある場所が指定対象となるため、具体的には、「道路際に樹木が密生している」、あるいは「高い擁壁がある」などの基準によって指定されます。そこに対象となる「困った空き家」が、たまたま存在する可能性は高くありません。

　3つ目は、道路管理者のみの権限として規定されていることです。つまり、市町村長が道路管理者の道路でなければ対象になりません。

■ 景観法による対応

[１] 景観法関係規定

　景観法では、まず景観地区を定め、そこで守るべき建物の意匠等の基準を決めます。そして、その地区内に基準に違反する建築物があれば、改善措置を命じることができるという仕組みになっています（64条1項）。

本法にも、所有者等を過失なくして知ることができないときに備えて、略式代執行の規定があります（同条4項）。
　「困った空き家」に景観法が適用される場合としては、たとえば、景観地区で定める意匠に合致しない、老朽化による破損が著しい建物などに対する修繕ないし除却命令、あるいは、建物がツタでおおわれているような場合の除却命令などが考えられます。

[2] 活用とその限界
　景観法が「困った空き家」に対して活用できる場合は、極めて限定されます。積極的にこの法律を使って空き家に対応するというより、もともと景観地区を定めている場合で、その中に「困った空き家」があれば対応できる、という程度になるでしょう。
　景観法では、まず景観地区を定めることが必要になるため、迅速性に欠けます。また、その本来の目的は「美しく風格のある国土の形成、潤いのある豊かな生活環境の創造及び個性的で活力ある地域社会の実現」（1条）とされているので、空き家対応を行うために新たに景観地区を指定するということは現実的ではありません。

■ 災害対策基本法による対応

[1] 災害対策基本法関係規定
　災害対策基本法の規定は「災害が発生し、又はまさに発生しようとしている場合」に適用が限られるところに特徴があります。そのような状況を前提にしているため、市町村長が「応急措置を実施するため緊急の必要があると認めるとき」に工作物あるいは物件等の所有者に必要な措置をとらせるのではなく、自ら必要な措置をとる旨が規定されています（64条2項）。

[2] 活用とその限界
　災害対策基本法の空き家に関する活用としては、たとえば、台風等の災害が予想される状況下で、屋根のトタンがはがれかかり、それが

飛散して周囲に危険を及ぼす可能性があるときに、それを固定することなどが想定されます。

特措法には緊急対応の規定がありません。そこで、災害対策基本法には特措法の補完的な役割が期待されます。

なお、災害対策基本法による措置は、あくまで当面の危険を回避する一時的措置に限られます。そのため、「困った空き家」の除却等の根本的な措置はできません。

2 特措法を導いた各地の条例とその限界

「困った空き家」問題は、全国各地で次第にその発生件数を増すとともに自治体にその対処が求められてきましたが、自治体行政としては、なかなか取り組みにくい事情がありました。

そもそも空き家とはいえ私有財産に違いなく、不用意に取り扱うことは日本国憲法29条で保障される財産権を侵害するおそれがあります。また、特措法が制定されるまでは、空き家に起因する危険や迷惑などの諸問題に総合的な対処を図る法律はなく、すでに見たように、既存の法律による対応にはいずれも大きな限界がありました。

そこで、自治体では「困った空き家」について住民から相談が持ち込まれても、いわゆる「民々の問題」として当事者が直接所有者に改善を申し入れるように助言することにとどめるなど、積極的に関わろうとしない傾向すらありました。

とはいえ、空き家の件数が年々増加するに伴い、限定的とはいえ既存の法律適用の模索や独自の条例を制定するなど、問題の対処に工夫をこらす自治体が徐々に現れてきました。

■ 初期の空き家対策条例に見る対象と手法

空き家問題を初めて正面から扱い総合的対策を打ち出したとして全国から注目を集めた条例は、2010（平成22）年10月に施行された「所沢市空き家等の適正管理に関する条例」です。実は、それ以前にも

1998（平成10）年に制定され、2005（平成17）年に改正された長万部町（北海道）の「長万部町空き地及び空き家等の環境保全に関する条例」など、美観の保持などを目的とし、一部に空き家に関する規定を含む条例はありました。しかし、従前の条例はいずれも「空き家対策」を主眼としたものとは言えず、所沢市の条例が空き家対策条例の嚆矢としての評価を受け、後に続く自治体が全国に叢生しました。その数は、2014（平成26）年10月の時点で約400にまで急速に増えました（「個人住宅の賃貸流通促進のための改修及び賃貸スキーム構築を目的とした事業調査業務報告書」、2015（平成27）年3月、国土交通省住宅局住宅総合整備課、18頁）。空き家をめぐる問題がいかに各地に広がっていたかを物語っています。

　とはいえ、条例の対象となる空き家は自治体ごとにまちまちでした。建物の老朽化が引き起こす物理的な危険と犯罪を誘発するおそれがある空き家は、ほとんどの自治体が対象としていました。一方で、ごみや害虫などの衛生上の問題や景観、樹木や雑草の繁茂といった状態を対象とするかどうかは、自治体によりかなり相違が見られました。

　また、ほとんどの条例でほぼ同様に、助言・指導から始まり、勧告、命令と続く流れが規定されていました。こうした措置の手続きは、後の特措法にも踏襲されます。ただし、足立区（東京都）など、命令規定を意図的に省くところもありました。それは行政代執行に対する躊躇に起因していました。命令規定を置き、それが遵守されない場合には、行政代執行法の適用により行政代執行へと進む道が開かれます。しかし、日本国憲法に規定される財産権との関係でそこまで自治体が踏み込んでよいものかどうか、そこが消極的に判断されたものと思われます。

　命令規定を置く条例にあっても、履行の確保手段は、ほとんどが氏名の公表にとどめられています。つまり、命令等の行政処分により強制的な解決を図ることよりも、当該空き家の所有者に対して職員がただ善処をお願いするばかりではなく、条例の規定に基づいて措置を求めた方が奏功するという判断を基礎に置くものでした。

その頃の条例は、全部で10条ほどの短いものが多く、空き家調査に関する規定も、所有者調査と現地調査の区別が明確に規定されていないなど、いわば黎明期の条例であったといえます。しかし、それまで、法的根拠がなかった空き家対策に、条例という根拠を与えたことに大きな意義がありました。

◯初期の空き家対策条例制定自治体

	市区町村	施行日
1	所沢市	2010（平成22）年 10月 1日
2	豊前市	2010（平成22）年 12月15日
3	川島町（埼玉県）	2011（平成23）年 4月 1日
4	ふじみ野市	2011（平成23）年 4月 1日
5	飛騨市	2011（平成23）年 4月 1日
6	香南市	2011（平成23）年 6月29日
7	柏市	2011（平成23）年 9月 1日
8	松江市	2011（平成23）年 10月 1日
9	足立区	2011（平成23）年 11月 1日
10	宗像市	2012（平成24）年 1月 1日
11	横手市	2012（平成24）年 1月 1日
12	美郷町（秋田県）	2012（平成24）年 1月 1日
13	大仙市	2012（平成24）年 1月 1日
14	東成瀬村（秋田県）	2012（平成24）年 1月 1日
15	湯沢市	2012（平成24）年 1月 6日

■ 特措法以前の空き家対策条例の発展

　空き家対策条例は、2012（平成24）年度には44自治体で施行され、その後飛躍的に制定数が伸びます。そして2014（平成26）年度には、対象および措置のいずれについても、特措法に踏襲される内容がほぼ出揃います。

　すなわち、対象となる空き家の定義には、保安上の危険、衛生上の

問題、景観上の問題および生活環境への悪影響のそれぞれが含まれるようになります。また、空き家の調査についても、立入調査が多く規定されるようになり、調査、助言・指導、勧告、命令、公表という一連の流れが、ほぼ一般的なものとなります。

さらに、後の特措法には見られない緊急安全措置に関する規定を持つ条例が現れ始めます。もっとも、当初は、財産権への配慮から、当該空き家所有者の同意を得て措置するものがほとんどでした。しかし、2013（平成25）年1月に施行された小野市の条例や同年4月に施行された蕨市の条例では、事務管理の法理が導入され、所有者同意をとらない緊急措置が規定されました。さらに、2014（平成26）年4月には京都市の条例が即時強制の法理による緊急措置を規定するに至りました。

この他にも、早くから過料を規定した松江市の条例に続く自治体もありますし、所有者への解体費用の支援規定を盛り込んだ条例や、自治体が空き家の寄付を受けることを規定した条例など、各地の実情に応じて、命令などの行政処分以外にさまざまな施策を取り入れた条例が策定されています。

このように、空き家に対する施策は、特措法の前から、現場の必要に基づいて強制的なものや誘導的なものなど、全国の自治体においてさまざまな知恵が絞られていました。

■ 空き家対策条例の限界と優位性

全国各地で必要に迫られて始まり、積極的な展開を見た空き家対策条例は、すでに触れたように、その内容の多くが後の特措法に継承されています。空き家に起因する諸問題の総合的な対処を図る法律は、空き家対策条例を有する自治体においても、いや、条例を有する自治体であればこそなおさら、強く制定が求められてきました。それは、空き家対策条例に対して、それが条例であるが故の限界が大きく2つ立ちはだかっていたからでした。

1つ目の限界、そして最大の障壁は、固定資産税情報の遮断でした。

「困った空き家」に対処する際、その所有者を突き止めることは初動段階の基本的作業になりますが、しばしば困難を伴います。空き家とはいえ、それは不動産であり、固定資産税の課税対象に他なりません。そのため、自治体が所有する固定資産税の課税情報には、当該空き家の所有者につながる有力な情報が含まれています。しかし、地方税法22条の守秘義務規定によって、同じ庁内であっても、他の部署がその情報を利用することはできませんでした。
　実は、これについては条例に固定資産税情報を利用できる旨の規定を置いた自治体が、ここではあえて具体例を示しませんが、ごく少数ながら存在しました。しかし、その適法性については疑義を拭えず、同様の規定が全国に広まることはありませんでした。
　2つ目の限界は、行政代執行に係るものです。一般に、代執行については、条例に根拠規定を創設し、それに基づいて実施することはできないと解されています。そこで、代執行の根拠は行政代執行法に求めざるを得ませんでした。その結果、実際に代執行を可能とする要件を明確に規定することが困難なため、条例に基づく代執行を行った自治体は少数にとどまりました。また、当該空き家の所有者が不明の場合に代執行を可能とする略式代執行の規定は、条例では創設すること自体が違法とされていました。
　特措法は、この2つの限界すなわち障壁に大きな穴を開け、自治体は「困った空き家」対策を格段に進めることが可能になりました。
　一方、空き家対策条例には厳しい限界がある反面、前述した緊急措置などのように、特措法に規定がなく、特措法の施行後も条例に規定することが有効な事柄もあります。
　もともと「困った空き家」に対する施策が、現場の必要性に基づいて工夫されてきたことを思い起こせば、地域の実情に合わせた柔軟性のある解決策を展開し得る自治体にこそ政策法務による対応の優位性が認められるはずです。特措法がカバーしている範囲を超えた誘導的な手法など、それぞれの自治体ならではの規定は、特措法が施行された後においても積極的に活用が図られる必要があります。

 本文の1歩先②

経済社会構造の変化に伝来する空き家

　空き家問題は、近年にわかに深刻な問題として認識されるようになりましたが、もちろん突然大量の空き家が発生したわけではありません。その由来を探れば、少なくとも高度経済成長期、さらに淵源をたどれば、第二次世界大戦後の復興過程にまで遡ることができます。

今日の空き家を準備した経済成長期

　第二次世界大戦により焦土と化し、日々の食料にも事欠く深刻な状況から、朝鮮戦争を経て石油ショックに至るまでの高度経済成長期とその後のいわゆる安定成長期の間、戦後間もなく生まれた団塊の世代は、経済社会のあり方を大きく塗り替えました。

　金の卵ともてはやされたその労働力を獲得するため、傾斜生産方式に始まる産業関連社会資本の整備を背景として、とりわけ大手の企業は競うように社宅や保養所等の福利厚生施設を建造しました。

　都市には膨大な労働力が流入し、住宅をはじめ、生活関連社会資本の不足は深刻な都市問題になりました。そして、質より量を重視した大規模集合住宅団地が近郊に多数造成されました。また、終身雇用制と住宅ローンにより、郊外に憧れのマイホームを求めるドーナツ化現象が進みました。

　労働力の大移動は、人々の価値観をも変えました。出世競争に駆り立てられたモーレツ社員が企業戦士として経済社会を牽引し、核家族化や地域社会の共同性よりも個人の便益を優先させる風潮を広めました。

　都会に出て職と住まいを得た子どもたちは、親が暮らす農山漁村部には戻りません。都市部で過密化が進む一方、農山漁村部では過疎化と高齢化が同時に進行しました。累次に及ぶ国土総合開発計画などにより大規模地

域開発が続き、次々と公共施設が建設され新幹線や高速道路網も整備されました。しかし、盆暮れの帰省ラッシュが常態となるばかりで、人口流出はむしろ加速されました。

そうした状況からの起死回生の一手として期待されたのがバブル期のリゾート開発でした。民間活力の導入が叫ばれ、第三セクターが設立されるなどして大規模なレジャー開発と公共施設の建設が各地で進められました。しかしその多くは挫折し、地域に廃墟を残しました。

バブル経済の崩壊から右肩下がりの時代へ

いわゆるバブル景気が崩壊したとき、不動産の買い換え需要は一気に冷え込みました。業者は販売価格を下げるために宅地の分割やリフォームの質を落とすなどの手を打ち、全般に不動産の不良化が進みました。

その後、失われた20年と呼ばれる不景気が続き、団塊の世代の子どもたちには厳しい就職難が待ち受け、フリーターと呼ばれる不安定就労が広がり、巨大都市に一人暮らしをする若者が増えました。そして、大規模集合住宅団地はもとより、かつて高級住宅地と呼ばれた地域においても、中高年の域に達した団塊の世代が夫婦のみあるいは独居で暮らす状況が多く見られるようになりました。

この長く続く不況期にあっては、多くの企業が倒産もしくは廃業に追い込まれ、放置され老朽化が進むばかりの建屋も多く発生しました。

自治体はおしなべて財政難に陥り、公共建築物の修繕は多くが先送りになりました。いわゆる行政改革や市町村合併により、既存施設の統廃合が進みましたが、遊休施設の再利用は期待ほどには進まず、除去もできないまま放置されるものも現れました。

2005（平成17）年の末に日本は人口減少社会に突入しました。この右肩下がりの時代において、空き家はその数を今よりさらに増していくことが見込まれています。

第3章 特措法の概要

　特措法は、空き家に起因する諸問題を正面から捉え、その対策を総合的に図る日本で初めての法律です。同法の施行により、空き家問題への対処は新たな段階を迎えました。

　前章で見たように、数多くの自治体は、特措法が制定されるより前にそれぞれ独自の空き家対策条例を制定していました。それらの条例は各自治体が直面する現場のニーズをふまえて制定されたものでしたが、各地の例が蓄積されるとともに、共通課題の認識も深まりました。こうした経緯をふまえて特措法は制定されています。

　そこで、これまで対応に消極的であった自治体のみならず、独自の条例を制定するなどして積極的に対処に努めてきた自治体にも、特措法を十分に理解し、積極的に活用することが期待されます。

1　特措法の目的と対象

　まず、特措法1条および2条について、すなわち制定の目的は何か、どのような空き家を対象とするのか、各条文の規定を確認します。

■ 特措法の目的（1条）

　特措法は増え続ける空き家に対して、いわば対症療法を行うための法律です。そして、すでに発生している「困った空き家」に対して、何らかの対策を施し、当該空き家がもたらす危険、ないし迷惑な状態を取り除くことを主たる目的としています。

　そもそも、こうした空き家が発生する原因としては、単身の高齢者世帯の増加や、核家族化の進行、住民同士の関係の希薄化という意味

でのコミュニティの変化、等々の社会的な構造変化がその背景にあります。もちろん、これらがもたらす種々の課題はいずれも一朝一夕に解決できるものではなく、解決を図るには多大なエネルギーと時間を要します。特措法は、こうした状況の根本治癒はさておき、まずは、目前の課題を解決しようとするものです。

■「空家等」の定義（2条）

　当然のことながら、空き家のすべてが周辺に危険や迷惑をもたらす存在ではありません。特措法上の強制措置の対象となる「困った空き家」は、空き家全体から見れば、そのごく一部に限られます。

　そこでまず、特措法の対象となる空き家と対象外の空き家を区別することが必要です。それがこの2条1項の定義であり、非常に大切な規定です。この区分に係る基準は、空き家の対処に迫られた自治体にとって重要なことはもちろんですが、どのような空き家であれば行政が対処に乗り出すかの一応の目安にもなるという意味で、住民にとっても非常に重要な意味があります。

　この条文で最も注目に値するところは、従来は規制する法律がなかった立木等が対象に含まれたことです。空き家問題に係る苦情や相談等を受けたことがある自治体職員には、建物の倒壊の危険よりも樹木や雑草の繁茂などに関わる話が多く、よい手がないことで頭を悩ませた経験のある人も多いはずです。特措法は、この点で大きな力と可能性を自治体の担当者に与えました。

　ちなみに、特措法の立案から制定に至る過程は、必ずしもすべてが明らかにされているわけではありませんが、当初の案では建物については「人の住居の用に供する」という要件が付されていました。しかし、これでは工場や商店などが空き家となった場合に対応ができないことから、建物一般に拡張されたようです。

　本条の2項では、特措法上の強制措置の対象となる空き家とその敷地を合わせて「特定空家等」と呼び、4つの状態から、これを定義しています。各状態の具体的な認定基準については、本書5章で詳

しく検討しますので、ここでは、なるべく制定の過程までふまえて、各状態について概観します。

［１］そのまま放置すれば倒壊等著しく保安上危険となるおそれのある状態

　１つ目は、保安上危険な状態、すなわち「そのまま放置すれば倒壊等著しく保安上危険となるおそれのある状態」です（ガイドライン20～22頁、自民党・特措法解説60頁）。これは、一般の人が想像する危険な空き家のイメージに最も当てはまる状態でしょう。

　わかりやすいのは、手入れがなされないまま、長期間放置されたことにより、建物が物理的に傷んで生じる危険です。具体的には、屋根のトタン板や壁がはがれて落ちてきたり、ベランダ、窓、外階段といった構造物がはずれて落下したり、柱の腐朽などにより建物そのものが倒壊したりする危険です。特定空家等の構成要素には建築物以外も含まれるので、ブロック塀や門扉の倒壊のおそれ、豪雪地における屋根からの落雪による危険など、建物以外に起因する物理的な危険もこの状態に含まれています。

　なお、ガイドラインでは、この状態については建物と擁壁の状態に起因する危険の例が挙げられています。ガイドラインの検討過程では、ここに積雪の落下による被害や、樹木の倒壊なども含まれていました。他の類型の例示には、これらの危険が含まれていないことなどから、空き家に付帯する物が物理的に他者に被害を与える状況もここに含まれると考えられます。

[2] 著しく衛生上有害となるおそれのある状態

2つ目は、衛生上有害な状態です（ガイドライン23頁、自民党・特措法解説61頁）。条文では、「著しく衛生上有害となるおそれのある状態」と定義されています。たとえば、空き家の建物内や敷地内に

ごみが堆積して、それが腐敗していたり、悪臭を放っていたりして衛生面で周囲に迷惑をかけている状態です。空き家にごみが堆積する理由は、いわゆる「ごみ屋敷」の所有者が亡くなるなどして、もともとあったごみが放置されている場合や、空き家になった後に、ごみが不法投棄されて溜まる場合などがあります。さらに、敷地内にごみが溜まっていることが外部からわかると、ごみがごみを呼び、その量が増えていくことは、よく知られている事実です。

また、腐敗したごみにゴキブリなどの害虫が発生する他、鉄骨建築物で吹き付けられた石綿（アスベスト）がむき出しになり、それが周囲に飛散して健康被害を及ぼす可能性がある場合など、周辺に対して健康上の被害が生じる可能性がある場合もこの状態に含まれます。

なお、ガイドラインの検討過程では、ここに犬や猫等の住処となって、繁殖、糞尿等の悪臭などの影響が生じている場合も含まれていました。しかし、ガイドラインでは、こうした状態は4番目の「生活環境の保全」にまとめられ、ここは、健康面に影響を及ぼす衛生問題に絞られました。

[3] 適切な管理が行われていないことにより著しく景観を損なっている状態

3つ目は、著しく景観を損なっている状態です（ガイドライン24頁、自民党・特措法解説62・63頁）。条文では、「適切な管理が行わ

れていないことにより著しく
景観を損なっている状態」と
定義されています。

　具体的には、建物が見えないほど外壁いっぱいにツタが繁茂していたり、放置された樹木や雑草が敷地内にジャングルのように茂っていたりする状態です。

　ガイドラインでは、ドアが壊れていたり、窓ガラスが割れたままになっている状態、あるいは、ごみの散乱や放置も挙げられています。これらを一言でいえば、見た目が不安、ないし不快な状態にある空き家といえます。

　さらに、観光地等では、景観法により地域の建築物が守るべき意匠が定められている場合がありますが、建物の老朽化や草木の繁茂等によって外観が劣化し、これに当てはまらなくなった場合もこの状態に含まれます。

［4］その他周辺の生活環境の保全を図るために放置することが不適切である状態

　4つ目は、条文中に「その他周辺の生活環境の保全を図るために放置することが不適切である状態」と示されている状態です（ガイドライン25頁、自民党・特措法解説64・65頁）。

　最も抽象的でわかりにくい定義ですが、ガイドラインでは、立木の枝の越境、野良猫等の住処になっていて、鳴き声や糞尿の被害がある、シロアリの繁殖により近隣に被害が及ぶおそれ

がある、などの状態が当てはまるとされています。動物の糞尿による悪臭などは、衛生面の定義と重複するところでもあるでしょう。

　動物や昆虫等が繁殖して困る、という苦情や相談は、実際にかなり多数寄せられます。

　また、特措法の規定では、多くの空き家対策条例に見られる「防犯上の不安」が対象とされていませんが、この状態の判断基準として、ガイドラインの例示では「門扉が施錠されていない、窓ガラスが割れている等不特定多数の者が容易に侵入できる状態」が挙げられています。

　しかし、多くの空き家対策条例が想定している防犯上の不安とは、まさにこのような状態を指しています。その意味では条文上に規定はないものの、防犯についての自治体の考え方がカバーされているといえます。

2　特措法による手続き

　実際に特措法に基づいて空き家対策を行うことを念頭に、どのような手順で、どのような点に留意すればよいかを見ていきましょう。

■ 立入調査等（9条）

　特措法9条では、住民から苦情や相談等を受けた空き家が、自治体として対応するべき「特定空家等」かどうかを判断するため、自治体職員や委託業者に立入調査の権限を付与しています。

　特措法以前は、立入調査が可能かどうかについて、意見が分かれていました。自治体によっては、刑法130条の住居侵入等に該当する可能性があるとして、何らかの法律の根拠が当てはまる場合以外は、道路などから外観を見るだけにとどめていたところもありました。

　この立入調査については、特措法9条2項に「必要な限度において」とあえて限定の言葉を置いて、立入調査ができる旨を規定していること、すなわち必要最小限度で行うものとされていることに留意が必要です。空き家とはいえ私有財産に他ならないという配慮です。

同様の理由で、同条3項には立入調査の5日前までに、所有者等に立入調査を行う旨を通知することとされています。しかし、現実には空き家の所有者が直ちに判明することは、あまり期待できません。そこで、同項のただし書きには「通知することが困難であるときは、この限りでない」とあり、実務への配慮も見受けられます。

■ 所有者の調査（10条）

特措法10条1項は「固定資産税の課税その他の事務のために利用する目的で保有する情報であって氏名その他の空家等の所有者等に関するもの」を、必要な限度において「内部で利用することができる」と規定しています。これこそ「困った空き家」に悩む自治体職員にとっての本法最大級の賜物でした。それは、特措法が施行されるまで、空き家の所有者調査が、まさに担当者泣かせの仕事であったからに他なりません。所有者の調査は、登記簿謄本を取ることから始めますが、登記簿に記載された所有者が、そこに記載された住所に現に居住していることは、あまり期待できません。問題となるような空き家は、放置されてから長い時間が経っていることが多いため、所有者が亡くなっているにもかかわらず登記の変更がされていない場合や、極端な例では親族が所有者の死亡すら知らないこともあります。また、所有者が長期に渡り外国に滞在し、国内にいない場合もあります。

空き家とはいえ自治体内の不動産ですから、固定資産税の所管部署には課税のために何らかの情報があります。しかし、特措法施行前は地方税法22条の守秘義務の規定により、たとえ同じ庁内の職員であっても、その内容を知ることができず、所有者の探索が行き詰まることもしばしばでした。

特措法10条1項の規定により、地方税法上の守秘義務は解除され、こうした場合にも所有者探索の道が開かれました。

また、同条3項には、「関係する地方公共団体の長その他の者に対して」必要な情報の提供を求めることができる旨の規定があります。これにより、空き家の所有者の調査は、戸籍法や、住民基本台帳法の

「公用請求」の規定に該当することになりました。特措法制定以前は、空き家対策条例に基づいてこれらの請求を行っても、自治体によっては「法令」を文字どおり解釈し「法令上の根拠がない」として交付が拒絶される残念な場合もありました。

さらに、同項の「その他の者に対して」には民間の事業者も含まれます。詳細は次章に譲りますが、たとえば、電気料金を誰が支払っていたかは所有者につながる有力な情報です。これを電力会社に対して照会をすることができるようになりました（基本的な指針9頁）。

このように特措法の施行で法律上の根拠が生まれ、所有者調査には、大幅な改善が見られました。

■ 特定空家等への措置（14条）

特措法14条は、特定空家等に対する実質的な対応を行うために、最も重要な条項です。

まず、1項で所有者に対して「助言又は指導」を行い、その効果がない場合は、2項で「勧告」を行い、さらにその効果もない場合は、3項で「命令」を行うことができます。さらに改善の見通しがない場合は、9項で行政代執行を行うという手順です。これは、特措法制定以前にすでに制定されていた、多くの自治体の空き家対策条例の手順とほぼ同様です。

この規定を根拠に、自治体は特定空家等の所有者に対して、現状の改善を求めることができます。

特措法では、私有財産である空き家に対して全般的に慎重な対応を求めています。たとえば同条13項で3項の命令については行政手続法の規定を適用しないとの規定を設け、その代わりに所有者等への通知を丁寧に行うことや意見の聴取などについて同法よりも長い期限を設けている点などに、それは表れています（同条4〜8項、自民党・特措法解説151・152頁）。ガイドラインにもそうした解説は随所に見られます。特定空家等に対する改善措置の内容は、状況に応じて必要最低限に抑える注意が必要です。

さらに、特措法に明文規定はないものの、助言・指導、勧告、命令の３段階は、必ずこの順序で行わなければならないとされています（ガイドライン２頁、自民党・特措法解説149・150頁）。この点は、既存の空き家対策条例の一部とは異なります。既存の空き家対策条例には、当該空き家の老朽化が著しい場合など、時間を置かずに対処することが望ましい場合に、指導や勧告を経ることなく命令を行うことができるとする規定を置くものがあります。この点については、緊急対応に関しては本書６章、条例と法律の抵触については12章を参照してください。

　なお、同条11項では、命令を行った場合は、標識の設置などにより、その旨を公示することとされています。これには所有者が命令について、「知らない」ということを予防する意味があることはもちろんですが、他にも重要な効果があります。それは、現地に標識を立てることで、現場周辺の住民に行政が対応を行っているということを知らせる効果です。周辺の住民にとって、空き家の所有者との交渉等の経緯や、先々の見通しがどうなるのかは、非常に知りたい情報ですが、個人情報の保護のために、あまり詳しい内容を知らせることはできません。また、それらの状況について、苦情や相談等に訪れた者に逐一知らせることも実務的には困難です。そのため、苦情や相談等に行政を訪ねた住民は、「その後の進捗がどうなっているのか」を知りたがったり、あるいは「行政は何もしていないのではないか」という疑念を抱いたりしかねません。標識はそれらを払拭する効果もあります。

　また、同項の規定により、空き家の敷地内等に標識を立てることも可能になりました。自治体の担当者にとって、これには大きな意味があります。それまでは、注意喚起の看板は当該空き家の前の道路等に設置するなどの工夫がされていましたが、通行の邪魔になったり、誰でも触れることができる場所にあるために、いつの間にか壊れていたり、設置場所が移動されていたり、ということがありました。また、道路の占有の手続きなども行わなければなりませんでしたが、こうした問題も同項によって解決されました。

特措法では、命令の後に代執行が控えています。特措法の施行前においても、自治体が独自に制定した空き家対策条例に代執行を規定したものは多数ありました。しかしながら、その実例は大仙市などごく一部にとどまりました。

詳細は、8章に譲りますが、特措法は独自に規定を設けて、代執行を実施する際のハードルを下げています。

また、所有者の不明な空き家に対して、行政代執行法では対応のしようがありませんでしたが、特措法はこの点についても略式代執行の規定を設け、一定の手順で代執行を実施できるようにしています。

■ 罰則（16条）

特措法では、改善措置の命令に違反した場合と調査を拒んだ場合に、それぞれ50万円と20万円の過料を課しています。

どちらも行政の措置等の実施を間接的に担保する手段です。命令違反に対する過料の規定は、特措法検討の初期段階ではありませんでした。また、特措法以前から一部の空き家対策条例では実効性をより高めるため、措置の実施を担保する手段として代執行の他に過料の規定を置いていました。

特措法における過料は、条例に規定される過料とは異なり、所轄の地方裁判所によって課され、検察が執行します。しかし、通常、裁判所が過料に該当する案件が発生したことを知ることはできません。そのため、実務上は、自治体から裁判所にその旨を通知し、裁判所の判断を待つことになります。

3　空家等対策計画と協議会

特措法には、空き家に対する調査や改善措置に係る規定以外にも、自治体にとって非常に影響が大きい空家等対策計画と協議会に関する規定があります。

■ 空家等対策計画（6条）

　特措法は6条で、空き家についてどのように対応していくかを決める「空家等対策計画」（以下「対策計画」と略記する場合があります）を定めることができると規定しています。この対策計画を策定するかどうかは、自治体の任意です。

　しかし、策定する場合には、自治体として総合的に空き家にどのように対処するかを盛り込むよう定められており、その内容については十分な検討が必要になります。

　たとえば、同条2項6号では、特定空家等に対する助言・指導、勧告、命令、代執行などの措置について規定するとされています。自治体としての特定空家等の基準、あるいは、命令や代執行を行う際の基準をどのように考えるか、対策計画中に直接そのような基準を定めるか、これに基づいて別に何らかの定めを設けるかなどはみな自治体の裁量ですが、その内容は空き家対策を執行する際の核心ともいえ、非常に重要です。

　7号から8号では、住民からの相談体制や空き家対応について定めることとされています。特措法以前は、空き家に起因する問題が、多くの分野にわたるため、自治体内で特定の担当部署を決めるのが難しく、実際に担当している部署もまちまちでした。そのため、自治体に相談に来た住民が、あちこちの窓口をたらい回しにされることもままありました。特措法施行以降は、その所管部門が空き家問題の担当になります。これをはっきりさせることは、住民から見てもどこへ相談すればよいのかが明確になることです。

　さらに、自治体はこの計画を策定した場合には公表しなければならないため（同条3項）、所管部署にとっても、自らが担当であることが公表されることで、いっそう気が引き締まります。その精神的効果は、おそらく小さくないでしょう。

　9号では、「その他空家等に関する対策の実施に関し必要な事項」として、特措法に基づいて実施する事項以外の対策について記載するこ

ととされています。具体的には、たとえば各地の自治体で行われている空き家バンクのような利活用に関する施策や、解体ないし修繕費用の助成制度などが考えられます。空き家対策は、ただ所有者に解体してもらうだけが唯一の解決策ではありません。そこで、この部分は自治体の知恵の絞りどころともいえます（基本的な指針17・18頁、自民党・特措法解説88頁）。

■ 国の財政支援（15条）

　この「空家等対策計画」には、内容自体とは別に、もう１つの意味があります。それは15条1項に規定される国の財政的支援施策が、この計画策定を要件としているということです。

　空き家対策に対する財政支援措置は、主に国土交通省と総務省が行っています。

　従来からある国土交通省所管の「空き家再生等推進事業」は、特措法の施行により、対策計画に定められた区域に存在する空き家が加えられました。とくに、2018（平成30）年度以降は対象要件が現在より厳しくなり、対策計画を策定していない場合は、この補助金の対象外になります。

　また、対策計画に基づいて行う空き家の調査や、特定空家等の解体等については、特別交付税措置が行われます。しかし、この場合にも、対策計画を策定していることが要件になります。

■ 協議会の設置（7条）

　特措法の7条は「空家等対策計画の作成及び変更並びに実施に関する協議を行うための協議会を組織することができる」と定めています。実際に設置するかどうかは、自治体の判断になりますが、機能としては、対策計画の策定と実施の両方について協議をすることができます。

　特措法の制定過程では、当初は、協議会の役割は対策計画の策定と変更だけでした。しかし、空き家対策では想定外の事が起きることも十分考えられますし、実施段階で法の適用等の判断が困難な事例など

も予想されます。そこで、施策に対して最終的に責任を負う市町村長の他、建築、法務、不動産等の専門知識を備える人材を擁する協議会が活用されることになりました。

その構成員の自由度は比較的高いものの、市町村長が必須とされている点には注意が必要です（基本的な指針6頁、自民党・特措法解説93頁）。

とくに特定空家等の判定基準は、実際の判定の際に所有者から反論が主張されることも予想されます。そこで、基準の策定時には空き家に関係するさまざまな専門家による検討を経て適切性を担保し、運用時には基準の適用について承認するなどの役割を担うことが期待されます。

協議会には、空き家対策の根幹を協議する機関であるばかりではなく、実施段階における機動的な役割も求められます。

 本文の1歩先 ③

不動産管理責任の重層構造

　どれほど頑丈な造りの建物であっても、経年劣化は避けられません。建物やその付帯設備を長く使用するためには維持補修等の管理は不可欠です。適切な管理がないまま時が経てば、当該建物の価値や機能が減じるだけでは済まなくなるかもしれません。

　しかし、長い期間のうちには、当該建物を実際に利活用する者が代わることもあるでしょうし、その所有者が変わることもあり得ます。

　そうした変化の可能性も視野に含めて、利活用者と所有者のそれぞれが負うべき管理責任を考察してみましょう。

建物の管理と所有の二層構造

　建物について、日常の利活用者と当該建物の所有者を分けて考えるために、賃貸住宅を念頭に置いてみましょう。

　居住用として住宅を使用する賃借人は、日々の生活を送るなかで発生する汚れを落としたり、軽微な損壊の修理すなわち修繕を行ったりします。民法上の用語を用いると、善良なる管理者としての注意義務（しばしば「善管注意義務」と略されます）を履行するための保存行為、ということになります。

　しかし、経年劣化が賃借人の手に余るほどになり大規模な工事が必要な場合や増改築など、原状回復を超える管理の責任は賃貸人すなわち所有者ということになります。

　もちろん、こうした関係は賃貸住宅に限らず、営業用の店舗や工場あるいは事務所などの事業所についても貸借関係の下では同様です。

　建物を利活用する者がいれば、その使用に伴う日常の管理はその者に

よってなされ、たとえば外部に危険が及ぶような故障箇所が発生すれば、その者自身か、その者を通じて本来の責任者である所有者が修繕しなければいけません。建物の管理責任は、表層と深層の二層構造をなしていると見ることができます。

種々の問題を発する空き家、すなわち本書でいう「困った空き家」は、表層の日常管理者がいなくなり、深層の管理責任者がその役割を果たしていない状態に他なりません。

所有者が自身による利活用をやめて空き家になった建物についても、理屈の上では同様に二層に分けて捉えることもできます。

また、企業がその社員の福利厚生施設として設置した保養所や自治体や国などが設置した公共建築物についても、役割を終えたのちに放置されれば同じく深層の管理責任者の責任放棄といえるでしょう。

不動産管理責任の三層構造への拡張

本書の本文ではまったく触れていませんが、ここでは将来の課題として、立法論に踏み込む問題提起もしておきましょう。

建物の管理責任を二層構造として把握する視点を上に記しましたが、それをさらに三層に拡張することはできないでしょうか。当たり前のことですが、建築物は空中には存在せず、敷地に付着しています。敷地としての土地には代替性がなく、移動もできません。現に土地一般に対して、その社会性ないし公共性に鑑み、一定の利用制限等も課せられています。とすれば、空き家が立地する敷地の所有者にも当該地面上に設置される工作物に対する一定の社会的責任分担を求めてもよいのではないでしょうか。これすなわち不動産管理責任の三層構造化です。

ただ、日本では不動産に係る固定資産税が土地と建物で別個に扱われていることなどから見て、こうした発想そのものに馴染みが薄いかもしれません。

第4章 取組みの初動と実態調査

　特措法の全面施行により、自治体の「困った空き家」に対する姿勢は、かつての民事不介入という消極策が許されず、空き家に起因する諸問題の解決に向けて全面的に取り組む積極的な方向に転換することが求められました。

　本章では、空き家問題の対処を求められた自治体の担当者が、まず何から始めればよいか、から進めていきます。

　特措法の規定はもちろん、同法には規定されていない点、あるいは実務上立ちはだかる可能性がある障害等についても考慮しながら、自治体の担当者が空き家問題の対処に取り組む際の「初動から当該空き家が特措法上の特定空家等か否かを判断するまで」の過程を追います。

1　苦情や相談等による取組みの開始

　空き家問題の特徴の1つは、当該空き家の近隣住民からの苦情や相談等が自治体に寄せられることによって、問題の所在が明らかになる例が多いということです。そこで、ここでは自治体の担当者が住民からの苦情や相談等を受けたところを出発点として、まず、何から始めたらよいのか、実務に即して順次進めていきます。

　なお、空き家問題に係る苦情や相談等による情報提供については、以下「相談等」と表記し、そうした情報を自治体に提供した人を「相談者」と記すことにします。

■相談者へのヒアリング

　住民から相談等を受けたとき、自治体の担当者が最初に行うことは、

相談者から事情をよく聞き取ること、すなわちヒアリングです。

このヒアリングは、随時行われることになりますが、必要な項目を漏らさず聞き取れるよう、あらかじめリストを用意しておくと便利です。

昨今の人員配置の実情を念頭に置けば、ほとんどの自治体において空き家対策の専任担当者が置かれることは望めません。他の業務をこなしながら、空き家対応も兼務するのが現状でしょう。そこで、担当者が不在のときに相談があっても、必要な項目を聞き取れるようにしておくことが必要です。それを欠くと、後々相談者にとっても担当者にとっても二度手間を要することになってしまいます。

どのような項目を聞き取るかは、各自治体の地域特性などをふまえた工夫によりますが、特措法11条に規定されているデータベース等をすでに整備しているか、その予定がある場合は、少なくともそこに含まれる項目はカバーしなければなりません。

内容によっては、相談者から聞き取れないこともありますが、いわゆる「ダメもと」という気持ちで聞いてみると、意外に詳しいことがわかる場合もあります。ただ、相談者が説明したことがすべて正しいとは限りません。勘違いや記憶違いもあり得ます。ヒアリングで得た情報を活用する場合は、別の方法で裏付けを取るなど、聞いた情報をそのまま鵜呑みにしないことが必要です。

また、相談された空き家について、すでに対応している場合もありますが、そのときでも「もう対応していますから大丈夫です」などとして相談者からのヒアリングを早々に切り上げてはいけません。

空き家の状態は日々変化します。すでに認識している空き家でも、場合によっては、再度、現場確認の必要があるかもしれません。もちろん、相談者の情報が常に最新であるとは限りませんが、その可能性も念頭に置きつつ、丁寧にヒアリングを進めます。

他にも当該空き家の所有者に関することについて、担当者が知らない情報を教えてくれるかもしれません。実際にそのような経験談は多く聞かれます。新たな相談は、新たな情報と思って接するに越したことはありません。

■ 相談者を味方につける

　ヒアリングを行う際には、空き家に関する情報を得ることはもちろん大事ですが、相談者のケアも忘れてはいけません。

　相談者は、自治体がすでに対応しているか否かは通常知りません。しかし、自治体に相談するということは、当人の心中では、看過できない問題と認識しているということです。さらに、自治体に相談に来るには、迷った末に思い切って出かけてきていることも多いでしょう。

　そこで軽くあしらわれてしまえば、本人は拍子抜け、あるいはその対応自体に苦情の1つも言いたくなるかもしれません。「困った空き家」への対処は、多くの場合、解決までに長い時間を要します。その過程で、近隣の住民の協力を得られるかどうかで、大きく変わってきます。

　相談者が味方になれば、後々も情報提供などの協力を期待できます。なお、その点からも、国の動向や近隣自治体の対応などを知っておくことは重要です。住民は意外に自分で調べたり、口コミで聞いたりして、「あそこの自治体ではこうしている、ウチではやらないのか」といったことを質問してくることがあります。こうした質問に適切に答えられれば、住民からの信頼もいっそう厚くなり、仕事がしやすくなります。

■ 関係部署への内部照会

　空き家の相談等は、必ずしも空き家問題の所管部署に持ち込まれるとは限りません。空き家に関する相談が持ち込まれる部署は、出張所、道路部門、下水部門、環境部門、清掃部門、建築部門、消防機関などと多岐にわたるのが通例です。

　また、ご近所で話し合った結果として行政に相談等が持ち込まれるのが一般的というわけでもありません。同じ空き家について、複数の人々がバラバラに複数の部署に相談等をすることもしばしばです。そこで、ヒアリングである程度の事情を得た後、あるいはそれに並行して、庁内の関係部署に対し、同じ空き家について、今までに何らかの

相談等が持ち込まれていないかなど、照会をかける必要があります。

実際、相談を受けた空き家について庁内の会議で説明したところ、建築部門から「その件なら違法建築物として、ずっと前から知っている。すでに対応しているし、所有者にコンタクトもしている」と言われた、という話もあります。

複数の部門にわたることが通例の空き家問題では、しばしばこうしたことが起こります。これをなくすためには、関係部門間の情報共有が欠かせませんが、特措法の施行以前は、ここに個人情報保護の壁がありました。

ある部署に相談等が持ち込まれるとき、相談者からしてみれば、「その部署が所管している業務に関係がありそうだから」ということが多く、実際にその部署が所管している法律に基づいて何らかの対応をしている場合もあります。その際に収集したり、記録したりする情報は、その業務の遂行のためのものであって、空き家問題の解決のためのものではありません。そのため、こうした情報を共有することは個人情報の目的外利用とみなされます。

もちろん、各自治体の個人情報保護条例に基づいて適切な手続きをふみ、当該情報を利用することが可能な場合も多くありますが、空き家問題では関係する部署が多く、相互に情報をやり取りする必要もあるため、手続きが非常に煩瑣で大変でした。

そうした状況を特措法10条は変えました。この規定については、固定資産税に関する情報が例として挙げられ、注目を集めましたが、同規定中の「その他の事務」は、広く自治体が行う業務全般を指すものと考えられます。そこで、こうした情報の共有も格段に容易になりました。これは、地方税法22条の守秘義務の解除に比べて、あまり目立ちませんが、特措法がもたらした利点の1つに他なりません（基本的な指針10頁）。

■ 現地調査の事前準備

相談者から情報を受け、庁内各部署への照会も終えると、いよいよ

その次は現地へ赴き当該物件の現況を確認することになります。この作業には、敷地および建物の内部に入って行う立入調査の他に敷地の外部で行う調査も含まれますが、いずれにせよ事前準備は欠かせません。
　事前準備の要点の1つは、当該物件の所有者を調べることです。しかし、仮にこの段階で判明できなかったとしても現地調査に進むことは可能です。むしろあまり時間を置かずに現地調査に着手することが大事です。
　所有者を調べる方法は詳しく後述しますが、まず公用請求ができる登記簿調査や住民票の請求など、すぐにできる調査から始めます。なるべく早く進めるために、必要事項を書き込むだけで済む請求書式等をあらかじめ備えておくと便利ですが、それでもある程度の時間を要します。そこで、現地調査を遅らせるよりは、一定の段階で「見切り」をつける必要があります。実務上は、「これとこれを調べる」といった基準を決めておき、それを終えても所有者にたどりつかないときは、速やかに現地調査に進みます。
　この事前調査の段階で所有者を突き止めることができれば、特措法9条3項に従い、立入調査をする5日前までに、所有者に立入調査をする旨の通知を送付します。しかし、所有者が、そもそも当該物件の現況を知らない場合もあり、いきなりそのような通知が送られてきても、何のことかわからないこともあります。
　そこで、ただ特措法に基づいた立入調査を実施する旨を知らせるばかりではなく、所有する物件が周辺に危険や迷惑を及ぼしていることがわかるよう、文面等を工夫することが必要です。これに先立って敷地の外から外観などを確認し、現況がわかる写真を撮って同封することも有効です。
　また、「困った空き家」の多くは、所有者に放置されてから長い時間が経過しています。そのため、所有者が見つからないことも、しばしばあります。
　そこで、特措法9条3項のただし書では、通知することが困難であるときは、通知をしなくてもよいとされています。「困難である

とき」というのは、具体的には所有者が見つからない場合の他、住民票などに記載されている住所地が判明しても、居住実態がなく、連絡がとれない状態も含まれています。実務上、どこまで調査して所有者がわからなければ「困難であるとき」に該当するのかについては、明確な規定はありません。しかし、少なくとも、登記簿、住民票および戸籍といった公用請求できる情報や、固定資産税の情報は調べなければならないようです（自民党・特措法解説107頁）。

　もう1つの準備段階の要点は、誰が立入調査を行うか、を決めることです。

　立入調査を一級建築士や土地家屋調査士などの専門家に依頼するかどうかに悩む自治体は多いでしょう。特措法9条2項では、調査をできる者について「当該職員又はその委任した者」と定めており、法律上は外部の専門家に依頼すること自体に問題はありません。専門家が調査することは必須ではありませんが、その先で命令等の処分に至ることまで視野に収めると、専門家に頼みたくなる気持ちもわかります。ただし、専門家に依頼すれば、そのための事務手続き等により時間を要しますし、また外部に頼めば当然のことながら費用も発生します。いずれにせよ、予算不足で現地調査が行えない、などということが万が一にも起きてはなりません。

　そして、たとえ外部の専門家に調査を頼んだ場合でも、担当の職員が自分の目で現場を確認しておくことは必須です。それは、後々自信を持って仕事を進めるためにも大切なことです。

2　所有者調査

　「困った空き家」は所有者の不適切な管理によって発生することから、所有者の調査は空き家対策の中でも枢要な位置を占めます。そこでここでは、空き家の所有者を突き止めるために利用できる手段について詳しく見ます。

■ 登記簿謄本を調べる

　所有者調査は、当該物件がある地区を所管している登記所（法務局）で、登記簿謄本ないし登記事項証明書を取得することから始めます。なお、登記事項証明書は、登記が電算化されている場合に電子媒体に記録されている登記内容を所定の様式に打ち出したもので、保管してある登記簿を複写する登記簿謄本と登記内容を証明する効果は同じです。以下では、記録媒体を問わず「登記簿」ないし「登記簿謄本」と記します。

　建物については、表示登記がされておらず、登記簿自体がない場合もあります。しかし、土地については、登記がないということはまずありません。

　登記簿謄本を取ると「権利部」の「所有権に関する事項」の欄に、登記を行った際の所有者の住所、氏名が記載されています。ただし、ここでわかるのは、あくまで所有権保存の登記をした時点の所有者情報ということに注意が必要です。

　なぜなら、土地や建物は、売買や相続などによって所有者が変わることがあるからです。本来は、そのたびに新しい所有者が所有権保存の登記をするべきですが、この登記は義務ではありません。売買による所有権移転の場合、所有権保存の登記をしないことは一般に考えられませんが、相続の場合は、登記簿上の所有者がすでに死亡していても、新たな登記が行われていないことがしばしばあります。

　また、所有者は変わっていなくても、所有者の住所が変わっている可能性もあります。たとえば、自宅の他にアパートを所有している経営者が転居する場合などです。この場合も、所有者が登記をしない限り、登記簿上の住所は古いままです。

　こうした理由から、登記簿謄本に記載されている所有者情報は必ずしも正しいとは限りません。しかし、この情報は、次の情報をたどる手がかりになりますので、非常に重要です。

　なお、この場合の登記簿謄本の取得は、特措法に基づく調査のため

の請求ですから、公用請求として扱われ、手数料は不要です。

　また、登記所に出向く前には、固定資産税を所管している部署を訪ねるとよいでしょう。そこでは平素から公用請求を行っていますので、登記所の申請書をストックしていることがよくあります。それが入手できれば事前に必要事項を記入しておき、登記所では提出するだけで済みます。

　登記簿謄本は、申請すれば概ねすぐに発行されます。

■ 住民票をたどる

　登記簿謄本の調査で、とりあえずの所有者がわかれば、次は住民票の写しを公用請求します。

　この調査は、2つの目的で行います。1つ目は、登記簿上の所有者が存命か、また、登記簿上の住所に現在も居住しているかを確認することです。住民票が除籍になっておらず、現住所が登記簿上の住所と一致すれば、書類上は、登記簿上の住所に現在も居住していることになります。しかし、この段階で登記簿上の所有者の所在が確認できるのは、実際には、かなり運がよい場合といえます。

　2つ目の目的は、登記簿上の所有者の本籍地を確認することです。本籍地を確認する理由も2つあります。まず、登記簿上の所有者が亡くなっていることがわかった場合に、その相続人を調査するためです。そして次に、所有者の最新の居住地を確認するために戸籍の附票の請求先となる自治体を調べるためです。

　ただし、死亡や転出によって、住民票が除票になり、除票後5年を経過すると、保存期限を経過するため（住民基本台帳法施行令34条1項）、住民票の写しを取得することはできなくなります。

　住民票には、世帯を単位として作成する世帯票形式の自治体と、個人を単位とする個人票形式の自治体があります。世帯票の場合は、世帯員全員が死亡または転出しない限り除票になりませんが、個人票では当人が死亡または転出すると除票になりますので、世帯票よりも短期間で保存期間満了となる可能性があります。その場合は、住民票か

ら所有者をたどる調査はできません。後述する固定資産税の情報を調べることになります。

住民票の写しの公用請求の根拠は、住民基本台帳法12条の2にあります。同条2項には、公用請求する際に明らかにしなければならない事項として、①当該請求をする国又は地方公共団体の機関の名称、②現に請求の任に当たっている者の職名及び氏名、③当該請求の対象とする者の氏名及び住所、④請求事由、⑤前各号に掲げるもののほか、総務省令で定める事項、のそれぞれが列挙されています。そこで、これらを記して請求を行えば、手数料がかからずに調査を行うことができます。

なお、戸籍や戸籍の附票の調査についても同様ですが、特措法10条3項の規定は「関係する地方公共団体の長」に対して「必要な情報の提供を求めることができる」とされており、その対象は広く自治体の事務全般に及ぶと考えられます。ここは非常に重要なところです。

つまり、調査の範囲は、住民票や戸籍に関して住民基本台帳法や戸籍法に定められた項目に限られるわけではないということです。

空き家問題を担当する職員にとって、当該物件の所有者の電話番号は非常に知りたい情報の1つですが、一般にその入手は困難です。もちろん、住民票や戸籍から電話番号を知ることはできませんが、多くの自治体の転入届には申請者の電話番号を記入する欄があります。そこで、住民票等の調査と併せて、転入届等の申請書に記載された情報の提供を求めることで、電話番号がわかる可能性が開けます。

■ **所有者が転出していた場合**

当該物件の所有者の住民票の写しを請求したところ、当人がすでに他の自治体に転出していることが判明する場合があります。この場合は、住民票に記載されている転出先の自治体に対して、住民票の写しの請求を行うこともできますが、その自治体からも、さらに転出している可能性もあります。他の自治体に対して、郵送で住民票の写しの請求をすると時間がかかります。そのため、住民票の記載情報を順次

追って、次々と請求するのは、効率がよいとはいえません。

そこで、最終的に住民票がある自治体がどこなのかを調べるために、本籍地の自治体に対して、戸籍の附票の公用請求を行います。

戸籍の附票は、住民基本台帳法16条の規定により、本籍地の自治体で作成されます。そこで、最新の住所と住所を定めた日がわかります。これにより最新の住民票を請求する自治体が判明します。

■ 所有者が死亡していた場合

住民票の写しから、当該物件の所有者がすでに死亡していることが判明した場合は、続けて現在の所有者を調べる必要があります。相続権がある人は、民法の規定により、まず配偶者と子どもです。これらの人がいなければ親が相続人となり、親もいない場合は兄弟が相続人となります。そして、これらの人がすべていない場合は、相続人がいないということになります。

そこで、相続権のある人がいるかどうかを調査するため、住民票に記載されている本籍地の自治体に対して、戸籍謄本の公用請求を行います。

戸籍法10条の2第2項には、自治体が「法令の定める事務を遂行するために必要がある場合には、戸籍謄本等の交付の請求をすることができる」という公用請求の根拠が規定されています。この場合に手数料はかかりません。

なお、同項には、請求の「根拠となる法令の条項」を示すことが必要事項として規定されています。特措法の施行前は、自治体によってこの「法令」に条例が含まれるかどうかの解釈が分かれていました。表記のまま文理解釈する自治体では、自治体が独自に制定した空き家対策条例を根拠に請求を行っても認めない例がありました。しかし、特措法の施行により、この課題も解決しました。

■ 固定資産税等の課税情報の利用

住民票をたどる調査が、除票保存年限の徒過などの理由で行き詰

○登記簿から所有者を探すフロー

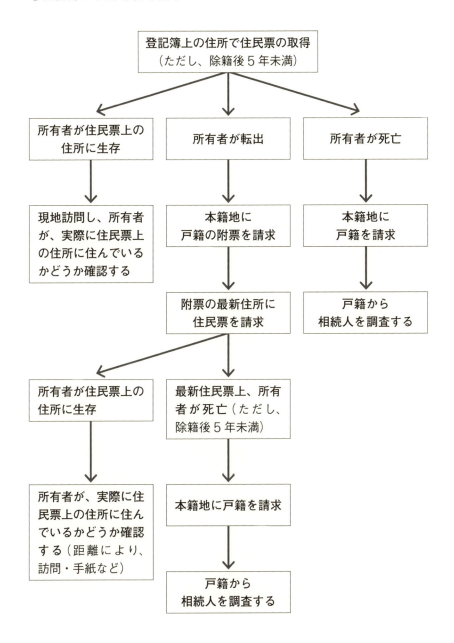

まった場合、特措法の施行前までは、そこから先へ進めず断念を余儀なくされる場合も多々ありました。しかし、同法10条1項の規定により、当該物件の所有者等を調べるために固定資産税等に関して自治体が保有している情報を利用できることになり、事態は一変しました。

固定資産税を所管する部署では、課税のために自治体内の土地および家屋について、納税者の氏名、住所、電話番号など、空き家対策の担当者にとって垂涎の情報を保有しています。

ただし、この情報を利用する際に気をつけなければいけないのは、納税者が必ずしも所有者であるとは限らないことです。地方税法に規定のある「納税管理人」という所有者以外の者が納税している場合もあります。たとえば、自宅を残して長期間海外に滞在する所有者が、親族に納税を依頼する場合や、介護施設等に入所した高齢の所有者の代わりに家族が納税している場合などがそれに当たります。

しかし、その場合でも、これらは所有者につながる有力な情報であることに違いありません。

また、相続人が不明の空き家などでは、課税停止等の処分が行われている場合もありますが、住民票が除票になった後でも、課税情報であれば所有者につながる情報が確認できます。

これらの情報を入手するための手続きについては、無用の混乱を避ける意味でも、あらかじめ税務部門との間でルールを明確にしておくことが大切です。

なお、固定資産税に関する事務を都が行っている特別区については、特措法10条2項の規定により、都に対して請求できます。

■ **医療ないし福祉情報の調査**

当該物件の所有者を調査する際には、医療ないし福祉関係からも有益な情報が得られる場合があります。

たとえば、長期入院あるいは介護施設への長期入所などですが、住民票等で最終的な住所を突き止めても、実際には当人は別の所にいることがあります。しかし、そうした場合でも、たいてい国民健康保険制

度や後期高齢者医療制度、あるいは介護保険制度が利用されています。

　そこで、これらの保険料の納付情報や利用している病院ないし介護施設の情報についても調べてみる価値があります。同じ自治体の範囲内であれば特措法10条1項、他の自治体や後期高齢者医療広域連合に対してであれば、同条3項の規定により情報の提供を求めることができます。

　もちろんあらゆる場合について効率よく役立つ情報が得られる確実な見込みはありませんが、「困った空き家」の多くは建築後長い年月を経ており、高齢者が所有している場合が多いため、ときに望外の情報が得られることもあります。

■ 民間事業者等への照会

　当該物件の住所がわかれば、その地域で利用されている電力会社やガス会社などもわかります。特措法10条3項は「関係する地方公共団体の長その他の者」に対して、情報提供を求めることができると規定していますが、ここでいう「その他の者」には、民間事業者も含まれていると解されます（基本的な指針9頁）。

　そこで、これらの会社に対して、利用者に関する情報の提供を求めることも可能です。具体的には、電気やガスの契約者に関する情報の提供を求めます。都市ガスではなく、プロパンガスを利用している場合は、ガスボンベに会社名や電話番号が記載されていますので、その会社に対して連絡します。

　また、民間事業者ではありませんが、所管の自治体や広域連合などに水道や下水道に関する契約者情報の提供を求めることも考えられます。

　他に変わったところでは、不動産仲介業者に対する協力要請も考えられます。たとえば、当該物件の敷地に隣接する土地の売買が行われていた場合、売買を仲介する不動産仲介業者は、隣地の所有者に対して土地の境界確認を行っています。その手続きでは、原則として本人立会いの下で境界を確認し、署名押印をもらいます。そのため、不動産仲介業者は所有者に関する情報を保有しているはずです。これが活

用できる場合は多くはありませんが、有益な情報を得た実例もありますので、記憶にとどめておく価値はあるでしょう。

■ 自治会・町内会等へのヒアリング

自治体や民間業者に対する情報収集の他に考えられるのは、当該物件の隣家やその地域の自治会・町内会等へのヒアリングを行うことです。

他の自治体など、公的機関への照会と異なり、定型的な情報を得ることはあまり期待できません。しかし、他に手がかりがないときはもちろん、すでに所有者が判明した後であっても、いつ頃から空き家と思われる状況なのか、たまには誰かが来ているのか、所有者の人柄や近隣との付き合いはどうだったのか、等々の他では得られにくい情報に接することもありますので、積極的に足を運んでみる価値があります。

根拠の薄い噂話に終始することもありますが、場合によっては、所有者の転居先や勤務先などが判明したり、それらの手がかりを得られたりすることもあります。

いずれにせよ、ここまでに記したさまざまな調査は、現在の所有者とその住所ないし連絡先を特定することが目的です。必ずしもすべての調査を行わなくても、目的が果たせる場合もあります。状況に応じて、柔軟に組み合わせるなどして、進めていくことが必要です。

3　現地調査

相談者からのヒアリングが一通り終わり、所有者調査も一段落したら、次は現地で当該物件の状況を確認します。

ここでは、現地調査の具体的な進め方や要点について、詳しく見ていきます。

■ 現地調査の目的

現地調査で行う確認の目的は2つあります。1つは、相談等の対象物件が確かに空き家であることをふまえた上で、特措法に規定される

特定空家等に該当するかどうかの判断材料を集めることです。

特措法の規定を待つまでもなく、空き家には、周辺に危険や迷惑を及ぼしており何らかの対処が必要な「困った空き家」とそうではない空き家が存在します。各自治体は、あらかじめそれぞれに特定空家等の判定基準を定める必要がありますが、個々の対象物件がそれに照らして該当するか否かを判断し得るだけの材料を集めることが必要です。

もう1つは、特措法には規定がありませんが、本書の6章で詳述する緊急措置の必要があるかどうかを見極めることです。

また、本来の目的ではありませんが、調査をしている様子が近隣住民に伝わることで、「行政が何らかの対応をしている」という安心感が生まれる効果もあります。

■ 空き家かどうかの確認

当該物件が特定空家等かどうかを判定する前に、まずその建物がそもそも本当に空き家なのかを確認しなければなりません。

空き家かどうかの判断基準は、特措法2条1項に規定されている「居住その他の使用がなされていないこと」と、それが「常態」であることの2点です（自民党・特措法解説50〜55頁）。

住居として使用されていた建物が倉庫代わりに使われているという場合は、本来とは異なる目的に使われていることになります。特措法の規定主旨は「使用がなされていない」ことにありますので、こうした場合には、たとえ老朽化が進んでいたとしても、空き家には該当しません。

それでも何らかの措置が必要ということであれば、建築基準法に基づいて対処するなど、特措法の適用以外の対応方法を検討せざるを得ません（自民党・特措法解説56頁）。ただ、本来とは異なる目的とはいえ、何かに使用されていれば、放置されている物件よりは傷みは少ないことが普通です。状況をよく見て、自治体による措置の対象外と判断することが妥当な場合は臆する必要はありません。

空き家かどうかの判断が難しいのは、むしろ2点目の基準、すな

わち使用されていないことが「常態」かどうかを確認することです。指針では、「概ね年間を通して建築物等の使用実績がないこと」を例として挙げています（基本的な指針8頁、自民党・特措法解説48頁）。

特措法より前に制定されていた各地の空き家対策条例を見ると、初期の条例では「常時無人の状態にあるもの」（所沢市）という書きぶりが多くありました。しかし、「常時無人」ということを証明するのはかなり難しく、その後は「現に使用されていないもの又はこれに類するもの」（長崎市）や「現に人が居住せず、若しくは使用していない状態又はこれらに準じる状態にあるもの」（京都市）といった書きぶりに変わってきています。特措法の規定は、こうした状況をふまえています。

しかし、確実に年間を通して使用されていない、ということを確認するのは、現実には困難です。したがって、実務上は長期間にわたって使用されていないことを判断する要点をいくつか定めて、それを確認するという方法が望ましいでしょう。その要点としては、たとえば、次のようなことが考えられます。

・電気メーターないし水道メーターが動いていない
・ドアや門に長期間触られた形跡がない
・電柱からの電気の引き込み線がない、または断線している
・庭の樹木等が長期間手入れされていない
・人が住めないほど家が傷んでいる
・郵便受けが使われていない
・積雪時期に雪かきがされていない

ただ、こうした観察による基準は、絶対に確実とはいえません。どう見ても人が住んでいるとは思えない状態の建物について、空き家と思って何回か現場を調査するうちに中から人が出てきた、という例もあります。

また、郵便受けに適正な建物管理のお願いと自治体の担当者に連絡がほしい旨の手紙を差し置きして、一定期間後にその手紙がそのままの状態にあるかどうかを確認するという方法も有効です。

しかし、こうしたことにあまりこだわると、なかなか対処が前に進みません。そこで、特措法では、空き家と思って調査をしていたが実際は空き家ではなかった、という場合の立入り等についても違法ではないと解されています（ガイドライン7頁、自民党・特措法解説106頁）。

いずれにせよ、一定の基準を設定し、それに従って業務を遂行することが必要です。

■ 立入調査の心得

現地調査を行う際には、当該建物の内部に入るかどうかについても慎重な検討が必要です。特措法の書きぶりからは、この点について明確に読み取ることはできませんが、ガイドラインでは、必要に応じて建物内部に入ることも可能としています。ただし、これはそうしないと特定空家等に当たるかどうかの判断ができないという理由がある場合などに限られ、必要最小限にとどめることとされています（ガイドライン6頁、自民党・特措法解説100・101頁）。

また、調査の際に建物に施錠がされており、これを壊さないと中に入れない場合には、破壊してまで内部に入ることは認められないと考えられます。特措法には、財産権をできるだけ侵害しないような配慮が随所に見られます。一部であっても、調査対象物件を破壊することは、必要な限度を超えていると解されるからです（自民党・特措法解説105頁）。

なお、建物内部に入らないと特定空家等の認定ができないような判定項目を作ると、毎回必ず内部に入らなければならず、施錠されていた場合などに支障をきたします。そこで、特定空家等かどうかの判定基準は、外部から確認するだけで行えるように設計した方がよいでしょう。

■ 対処方法を判断する材料の収集

調査対象物件が空き家であると確認できたら、次に、特定空家等に

当たるかどうかを判断する観点から当該空き家の状態を調べます。

　本書の3章でも述べたように、特措法では特定空家等の状態を、(1)そのまま放置すれば倒壊等著しく保安上危険となるおそれのある状態、(2)著しく衛生上有害となるおそれのある状態、(3)適切な管理が行われていないことにより著しく景観を損なっている状態、(4)その他周辺の生活環境の保全を図るために放置することが不適切である状態、の4つを挙げています。空き家の状態がこれらのうち1つ以上に当てはまることが特定空家等としての認定の根拠になります。そこで現地では、「保安」「衛生」「景観」「生活環境」のいずれに当たるのかを念頭に置きながら調査を進めればよいでしょう。

　この4つの状態に即して検討した結果は、特定空家等に認定された後、その所有者に対して助言・指導を行う際に、何を改善してほしいのか、それはなぜなのか、等を説明する際の内容にもなります。

　また、特定空家等の認定結果にかかわらず、当初に相談等を持ちかけてきた住民をはじめ、近隣の住民等に対して行政が確認した状況の説明が求められることも、しばしばあります。そうした場合に備える意味でも、現場では細部まで気をつけて見ることが必要です。

　また、近隣住民等から得た情報に基づいて危険ないし迷惑な箇所の現況を確認するのはもちろんですが、それ以外にも危険な箇所があるかもしれません。そうした可能性がありそうな箇所についても、できるだけ見落としがないよう、また、誰が調査しても間違いのない結果となるように、あらかじめチェックリストを作るなどの工夫も考えられます。

■ 調査記録の作成と保管

　現地では、必ず写真を撮るようにします。空き家の調査に、担当者や上司が全員揃って出向くことは、まずありません。空き家問題の担当部署で認識を共有するためには、「百聞は一見にしかず」ということもありますので、全体の状況や問題となる箇所がわかるような写真を複数枚撮影しておくことが大切です。

空き家の状態は時間の経過とともに徐々に変わります。同じ空き家について、立入調査から相当の時間を経過した後、別の相談が寄せられた場合にも、文字の記録だけでなく、写真があると大変便利です。
　また、立ち入りは1軒の空き家に対して複数回行うこともあり得るため、写真を撮った日時も忘れずに記録しておきます。
　また、ツタや雑草などの一年生植物（種子から発芽して、開花・結実ののち、一年以内に枯死する植物）や落ち葉などは、夏と冬では大きく状況が異なります。そこで、後々同じ空き家についての相談等を受けたときなど、過去の状況を調べる際には、季節も考慮に入れる必要があります。
　その他、とりわけ台風の多い地域や豪雪地帯などでは、災害のおそれも考慮する必要があります。現地調査の時点では問題がない場合でも、災害が発生しやすい季節についても想定しなければいけません。
　こうした調査を行ったら、その空き家が特定空家等に当たるかどうかにかかわらず、必ず記録を残します。
　また、特定空家等に認定されなかった建物についても、ある人がたとえば危険と感じたものは、他の人も同じように感じて苦情や相談等を持ち込む可能性があります。また、時間が経過して、さらに老朽化が進んだときに再度相談等があるかもしれません。そのときにも、過去に調査した内容などが保管されていれば、住民対応をよりスムーズに行うことができます。
　特措法9条の規定は、特定空家等に当たらない空き家についても立入調査を認めていますので、判定の結果、特定空家等と認められなかった建物についても、貴重な調査結果として保管しておくことも大切です。

これも空き家!?

　本来の用途に供されなくなり、適正な管理をされることなく、周囲に危険や迷惑を及ぼしている建物は、本書の本文で主に扱う一般戸建て住宅の空き家に限りません。そうした建物は、全国各地に実に多種多様な姿で存在しています。ここでは、典型的な事例を2つ紹介します。

国有地に建つ旅館廃屋

　最初の写真は、ある温泉街で営業をやめた旅館の建物を裏側から見たところです。表に回るといつでも営業を再開できそうな構えで、まったく背面の様子はうかがうことができませんが、裏に回れば、ご覧のとおりのまさに廃屋です。

　ここは、山間の坂道に温泉旅館が10軒ほど軒を連ねるいわゆる鄙びた温泉地で、旅館の家並みが途切れた先には共同浴場があります。

　ところが、その共同浴場の露天風呂から、この惨状が間近に見えてしまいます。

いかにも見苦しいということで、その地で営む同業者が集い、放置された布団などのゴミを除去したそうです。各旅館の営業のためといえば身も蓋もないのですが、地域社会の環境を守るボランティア活動により、空き家問題に取り組まれた例と見ることもできるでしょう。この写真はそうした作業からも月日が経った時点のものですが、瓦礫と化した廃材等の撤去までには至っていません。

　この温泉街の敷地は国有地ですが、国の機関は関わりを持とうとしません。廃業者の借地料は不納欠損処理されています。地元自治体の職員はごみを除去するボランティア活動に参加し、共に汗を流したそうです。

日本最大級の空き家群

　次の写真は、リゾート開発の失敗によって発生した日本最大級の空き家群です。ここに見える建物はすべて空き家で、長期間にわたって放置されています。

実は、これはごく一部にすぎず、まだこの他に何倍もの棟数の空き家が連なっています。この空き家群は極端な例ですが、幸い買い手が決まりましたので、このまま傷みが進み朽ち果てることはないと思われます。

第5章 「特定空家等」の認定基準

　特定空家等に対して、措置を行うためには、まず特定空家等であることを、判断しなければなりません。特措法には、4つの基準が示されていますが、抽象度の高い文言であるため、これを実際の空き家に当てはめて判断することはできません。また、同じ空き家でも、自治体の置かれている自然環境や市街地等の形成状況、住民の空き家に対する意識の差などによって、対処の必要性は異なってきます。

　そこで自治体ごとの特性をふまえて、それぞれにどのようなものを特定空家等とするか、判断する必要があります。ここでは、こうした基準の具体化を検討します。

1　認定基準を設定する際の留意点

　空き家は、特措法2条2項に規定されている4つの状態のいずれか、またはその複数に該当すれば、特定空家等と認められます。しかし、条文上の4つの状態はいずれも漠然とした表現に過ぎず、これを執行するに当たっては、何らかの具体的な認定基準をあらかじめ定めておく必要があります。

■ 不確定概念の明確化

　この基準の具体的な内容は、認定を受ける側の空き家の所有者と認定を行う側の自治体の双方にとって、その先を決める重大な事項ですが、ガイドラインにおいても、4つの状態の例示があるばかりで、明確には示されていません。

　このように法律の条文に明確な基準がないものは、講学上「不確定

概念」と呼ばれますが、必要に迫られた自治体が、これに基づいてどのように具体的な基準を決めても、常にそれに対する異論や反論を呼ぶ可能性があります。確かに、自治体が特措法の執行を準備する段階で、この認定基準を設定することは、担当職員が最も頭を悩ませることに違いありません。その正直な気持ちとしては、将来、万一訴訟が提起されたときに「自分たちの決めた基準が不適切なものとされたら困る」という心配が拭えないことでしょう。特措法の制定過程で、自治体側から「特定空家等の定義をさらに政省令で明確にしてほしい」という要望が寄せられたとも伝え聞いています。しかし、現実にはそのような基準は存在しません。

　悩みはまさに尽きないのですが、基本的に留意するべき点はいくつかに絞ることができます。すなわち、まず自治体が置かれたそれぞれの環境に照らして基準に合理性があることです。

　次に、運用の実際について十分に配慮することです。判断項目の数が膨大だったり、複雑だったりして、判定に長時間を要するようでは本末転倒といえます。

　また、判定に多大な費用が掛かる仕組みもいけません。予算の不足を理由に判定ができないようでは困ります。

　そして、経験が蓄積されることによって、当初の判定基準を変更することもあり得るとする柔軟性も必要です。

■ 信頼性の担保

　特定空家等の認定基準は、どのように設定しようとも万全にはならないとはいえ、これが「困った空き家」への対処の基本となることからも、対外的にしっかりとした説明ができるものでなければいけません。各自治体が策定した認定基準に基づき判定された結果が説得力を持つためには、①判定基準の策定過程、②基準の元となる指標の客観性、③各指標の判定レベル、④判定基準の適切な運用、のいずれにおいても、住民の信頼を得られるものでなければなりません。

　まず、「①判定基準の策定過程」において住民の信頼を得るためには、

基準内容を決めるに当たり相応の専門家が参加していることや、その意見を聴くなどすることが必要です。とりわけ建物の「保安」基準については、建築の専門家の参加を得たり、助言を求めたりすることが重要です。そうした専門家の知見に加え、場合によっては、むしろそれ以上に重要なこともあるのが、住民の意思を反映する手続きです。空き家を危険と感じたり、迷惑と思うことは、多分に人の主観に左右されます。たとえば、樹木の繁茂についても、もともと木が多い山間部と、あまりない都市部では、住民の感じ方も違います。

　そこで、判定基準を案の段階で公の討議にかけることもよい工夫です。たとえば、特措法7条に規定されている協議会などは、その場としても適しています。行政が独断で基準を決めたのではなく、しかるべき専門家や幅広い意見を総合して決めたという理解が広く得られれば、対外的な説得力はいっそう増します。

　次に、「②基準の元となる指標の客観性」については、保安上の危険について、国や自治体において危険度を数値化して評価をする先例があります。

　特措法の施行前に定められていた一部の空き家対策条例では、調査時に空き家の傷み具合等をポイント制で数値化して判断する仕組みが定められていました。多くの例は、住宅地区改良法および住宅地区改良法施行令に基づく、住宅地区改良法施行規則の基準等を参考に考えられたもののようですが、評価者の属人的なバラツキをできるだけ排除する効果があります。

　他にも参考になる基準例として、「地方公共団体における空家調査の手引き」（国土交通省住宅局、2012（平成24）年6月）、「空き家再生等推進事業等における外観目視による住宅の不良度判定の手引き（案）」（国土交通省住宅局住環境整備室、2011（平成23）年12月）などがあり、インターネットで閲覧が可能です。

　そして、「③各指標の判定レベル」で住民の信頼を得るということは、認定の適否を分ける判定の水準を適切に設定することです。ここでも住民の空き家への感じ方を正しく反映することが大切です。

たとえば、空き家問題が住民の間で相当深刻な大問題として認識されていれば、パブリックコメントなどでも積極的に対応するべきという意見が多くなり、それを反映すれば、厳しい判定基準となるでしょう。逆に、空き家の件数が少なく、住民の間であまり問題とされていなければ、緩やかな基準が受け入れられます。

最後に、「④判定基準の適切な運用」ですが、ここではあえて判定基準をどれだけ具体化しようとしても、ある程度は抽象的にならざるを得ないという事実を再確認しておきましょう。雑草の繁茂、ごみの堆積、悪臭など、いずれも定量的に判断するのは困難です。また、多様な空き家の状態を完全に網羅した想定に基づいて基準を作ることも現実にはあり得ません。したがって、どのような基準であっても、運用する段階でなおその適用に誤りがあるという反論があり得ます。こうしたことから、判定基準は、その内容ばかりではなく、手続きにおいても明確性を備え、遵守されることが欠かせません。

2　基準の具体化

では、4つの状態のそれぞれについて、何をどのように決めればよいか。具体的に見てみましょう。

■「保安」基準の具体化

特措法の条文では「そのまま放置すれば倒壊等著しく保安上危険となるおそれのある状態」です。

ガイドラインでは、空き家の構造物や擁壁などが、倒れたり落ちてきたりすることで、人や物に物理的な被害を与えるかどうかを基準に考えられています。

ここでは、実際の空き家の状況に応じて、家屋や門扉、塀などの通常の住宅の構造物以外にも必要な対象を含むように定める注意が必要です。たとえば、商店等で駐車場などにある看板やネオンサイン、倒れそうな立木、工場の廃設備や倉庫なども対象になり得ます。

ガイドラインに示された例では想定されていませんが、空き家の敷地内に子どもが入って遊びそうな防空壕跡の穴があったり、歩道のすぐわきにある大きな浸透桝のふたが外れ、周囲が草でおおわれているなどして、人が落下するおそれがあるものなどの例も実際にあります。これらも対象に含めるべきです。とりわけこうした危険は、実際に空き家の状況を確認してみないと、どのような種類があるかわかりません。そこで、どのような基準を作るにしても、まずはある程度の現地調査を行い、危険を類型化するなどの準備作業が必要です。

　また、実際に事故が起きてからは遅いので、その「おそれのある状態」により、対応をしなければなりません。そのため蓋然性を判断することが必要になります。これは、建築の専門家などと相談した上で、外観からの目視で判定できる基準とし、たとえば屋内の床や梁の傾きや根太（床板を受ける横木）の腐朽状態など、建物内に入らないと判定できない項目は含めるべきではありません。すでに指摘しましたが、建物が施錠されている場合に判定が困難になるからです。また、壁の傾き等を判定項目に入れる場合なども、運用面に配慮して、誰もが実施できる簡易な方法にすることが大切です。

　危険の蓋然性は建物の立地によっても、評価が変わります（ガイドライン4・5頁）。たとえば、木造住宅密集地域など、災害時に建物が倒壊することによって、避難に重大な支障を及ぼす場所や、豪雪地域では、雪の落下による危険や重みによる建物の倒壊などの季節的要因にも配慮する必要があります。さらに、個々の空き家についても、建物が敷地の奥にあるか、隣家や道路に面した位置に建っているかなどにより、構造物の落下等によって周囲に及ぼす危険の度合いが異なることにも留意が必要です。

■「衛生」基準の具体化

　特措法の条文では「著しく衛生上有害となるおそれのある状態」です。
　ガイドラインでは、ごみによる異臭、害虫の発生のほか、建物等に起因するアスベストによる健康被害などが想定されています。

この「衛生」状態は、「保安上危険となるおそれ」とは異なり、現地調査で実際に被害が発生している状況が確認できます。しかし、その程度をどのように評価するかは難しい問題です。

ごみの臭気や害虫の発生状況は、夏と冬ではまったく違います。ごみの種類や量によって、調査時には臭気がなくとも、気温が上がれば、相当の迷惑を及ぼす可能性もあります。生ごみや飲食物の残滓の付着した容器、枯葉などの腐敗するものが堆積しているか、プラスチックや金属等の腐敗しないものが多いのかなど、考慮に入れる要素は意外と多岐にわたります。

一方、主観的判断になりやすいことにも注意を要します。たとえば、腐敗物の量や程度、隣家の近接の状況など、比較的客観性のある判断指標を工夫するとともに、臭いの強さや、ごみや害虫の発生量などについて、いわば科学性を高めることも大切です。

■「景観」基準の具体化

特措法の条文では「適切な管理が行われていないことにより著しく景観を損なっている状態」です。

これには、落書き、壊れたドアや窓などの建物の傷みがひどいもの、樹木の繁茂が著しいもの、ごみによって見た目の美観が損なわれているもの、それによる不安感などが含まれます。つまり、身体等への直接的な危険ではなく、心理的な要素が強いものです。

また、これらの項目は、他の基準要素と重なるものがかなり含まれます。たとえば、傷んだ建物は、見た目の他に「保安」基準と重複する可能性が高く、ごみの堆積は「衛生」基準と重なります。他にも、窓ガラスが割れている状態は、次に見る「生活環境」基準で例示されている建物等の不適切な管理と重なります。1軒の「困った空き家」が発する問題は、多面的であることが普通です。

そこで、この「景観」基準は、単独で評価するのではなく、他の項目と合わせて評価する加重項目と位置づけることも考えられます。

なお、ガイドラインには、景観法による景観地区で定めた意匠に反

する状態も例として挙げられています。これは景観の魅力で来客を呼び込む観光地などでは、とくに重要です。そうした地域では、見た目の悪い状態が、周辺に実質的な不利益をもたらす蓋然性が極めて高くなりますので、単独で評価する重要項目とすることも考えられます。

■「生活環境」基準の具体化

特措法の条文では「その他周辺の生活環境の保全を図るために放置することが不適切である状態」です。

これは、上述した３つの状態には当てはまらないものの、やはり周囲に危険や迷惑を及ぼす状態を指しますから、その対象範囲にはさまざまなことが含まれます。

たとえば、不特定多数の者が侵入する空き家に、近隣の住民が不安を覚える例はしばしばあります。しかし、本書３章でも指摘しましたが、特措法には、防犯についての基準はありません。とはいえ、この場合では不特定多数の者の出入りを可能としている物理的な状態、すなわち、たとえば門扉が壊れているとか、ドアが施錠されていない、などが想定されます。これらは、ガイドラインに例示されている建築物の不適切な管理に含まれますので、その面から特定空家等の基準を満たすと判断できます。

この他にも、ガイドラインに例示されていて、実際にも多くの空き家で該当しそうな状態としては、樹木のひどい繁茂があります。空き家の敷地はかなり荒廃していることが多く、立木が隣家の壁に当たっていたり、道路に飛び出していたりすることはしばしば見られます。

さらに、シロアリの繁殖や犬猫等が住み着くことによる危険や迷惑などもあります。

こうした多様な事態に対応できる基準とするためには、やはり地域に現存する空き家の観察に努め、現状と問題点を十分把握した上で、それらに対応できる基準を考えることが必要です。

本文の1歩先⑤

防犯上の問題がある空き家

　特措法の明文規定には、多くの空き家対策条例に見られる「防犯上の不安」がありません。法案骨子の段階では、防犯上の問題も特定空家等の定義に含まれていましたが、その後の検討過程で侵入者等があれば、警察等が直接取り締まるべき、として対象から外されたそうです。
　さて、これは欠落ないし欠陥と見るべきでしょうか。

既存の空き家対策条例に見る対象規定との比較

　既存の多くの空き家対策条例では、次の「京都市空き家等の活用、適正管理等に関する条例」に見るように、空き家の状態として4つを挙げ、それらの条件のうちいずれかに当てはまるものを対象としています。
　①建築物の倒壊等により、生命、財産の危険がある状態（物理的危険）
　②立木等の繁茂により、生活環境の保全上支障がある場合（衛生上の問題）
　③不特定多数の侵入を許すなど防犯上支障がある状態（防犯上の問題）
　④外観の汚損等により、景観に悪影響を及ぼしている状態（景観上の問題）
　これらを特措法2条2項の「特定空家等」の定義と比較すると、確かに「防犯上の問題」が欠けているようにも見えます。しかし、「その他周辺の生活環境の保全を図るために放置することが不適切である状態」という同項4番目に規定されている状態には、ガイドラインによると門扉の不施錠や窓ガラスの破損等が含まれると説明され、さらに「不特定多数の者が容易に侵入できる状態」とまさに上記③と同じ内容が示されています。
　そのような状態にある空き家は、放火やその他の犯罪を誘発させる可能

性が高いことは明らかでしょう。多くの空き家対策条例が想定している防犯上の不安とは、まさにこのような状態に他なりません。その意味では、条文上に明文規定はなく、解釈を示すガイドラインに委ねられているとはいえ、防犯上の問題についても多くの自治体と同じく考慮されていると見て構わないと思われます。

　つまり、特措法の特定空家等の定義は、実質的に既存の空き家対策条例に挙げられた条件のほとんどを含んでおり、その意味では実務のニーズをふまえているといえるでしょう。

運用の柔軟性

　この対象規定に限らず、運用の面でかなり自治体の裁量を認めていることは、特措法の特徴の1つとして挙げられます。

　空き家に起因する問題は、概ね上に挙げたような状態から発生することが多いとはいえ、気候や地形の特性、空き家の周辺状況などによって、「困った空き家」の状態は一律に決められるものではありません。ガイドラインでもこうした定義の内容についてはあくまでも例示であり、自治体がその状況にあわせて内容を定めるべきとしています（ガイドライン1頁）。

　このような自治体の裁量を重視する柔軟な考え方は、特措法の制定過程の当初から明確にされていました。最終的に条文化には至りませんでしたが、空き家の定義について、自治体が条例で対象を拡充できるような規定を置くことも検討されていました。

第6章 即時対応を要する場合

　本章では、空き家の現況が非常に悪く、具体的な危険が真に迫っている場合の緊急対応について解説します。

　一般に空き家の状況は放置されることにより周囲に対する迷惑や危険な状態を悪化させます。そこで、緊急対応が必要な事態に至る前に適切な対処を行うべきです。しかし、たとえば台風の接近等により相当の確度で具体的な危険が間近に迫る場合もあります。対処の手続き等に時間の余裕がない場合に備えて、即時対応の仕組みと心構えが必要です。

1　即時対応施策の前提

　明日大型の台風が来る、と天気予報で報じられているとき、「壁の一部がはがれかかっていて危ない空き家があり、なんとかしてほしい」という通報を受けたらどう対応するべきでしょうか。もちろん、現況の確認が第一ですが、まさに突風が吹けば建物の一部がはがれ飛び、人に怪我をさせたり、周りの物に当たって被害を与えたりするおそれが明らかな場合です。

　このようなとき、住民の福祉の増進に努める責務（地方自治法1条の2、2条14項）を負う自治体は、緊急対応に迫られます。すなわち、住民を喫緊の危険から守るため、空き家によって発生する緊急事態に、自治体は即時対応しなければなりません。

　しかし、「空家等に関する必要な措置を適切に講ずる」責務を4条に謳う特措法には、空き家対策上必要と思われる、即時対応を要する場合の措置に関する規定がありません。正直に特措法の手続きに従う

ばかりとすれば、いかなる場合であれ、指導・助言、勧告、命令、代執行と、手順をふんで対応しなければなりません（ガイドライン2頁、自民党・特措法解説149頁）。しかし、もちろんそれでは間に合いません。

また、空き家とはいえ、それは財産です。日本国憲法により、その所有者には財産権が保障されます（29条）。もちろん、その財産権にも一定の制約があり（同条2項、公共の福祉との適合）、特措法も、所有者に「空家等の適切な管理」の責務を課しています（3条）。とはいえ、自治体がそれらの規定を根拠に財産権を簡単に制約し、即時対応をなし得るわけではありません。特措法は、財産権を尊重するからこそ、段階的かつ慎重な手続きを自治体に課しています（本書3章、7章、ガイドライン2頁）。

自治体の活動は、法的根拠に基づいて執行されます（議会意思による行政の統制原理）。当然のことながら「ちょっと危ないから」という理由だけで建物自体を除去してしまうような、バランスを欠く対応はできません（比例原則）。また、いわゆるクレーマーや議員から強く言われたときには「緊急」の基準を甘くして対応し、そうでないときは「緊急」の基準を厳密に解して対応を拒否することも許されません（平等原則）。

加えて、実務的な課題としては、費用とその回収の問題もあります。住民感情としては「なぜ所有者が行うべき対策に、自分たちの税金が使われなければいけないのか」という声が必ず挙がります。まして、公費による修繕等の対応によって不動産としての価値が上がり、その後転売されて所有者だけが得をする、という状況にでもなれば、一般

納税者の納得は得られません。そこで、まずは公費を投入して対処するとしても、その原因を作った所有者から、後に要した費用を回収することを考える必要もあります。

こうした制約や課題に悩みつつ、空き家対策においては、特措法制定の以前から、①措置代行、②事務管理、③即時強制、の3つの方法による対応が図られてきました。これらはいずれも今日なお有効な手法ですので、順次詳しく検討していきましょう。

なお、特措法の施行前には、条例で、特措法同様の指導・助言、勧告、命令、代執行という段階的手続きを定めた上で、緊急の場合には段階を飛ばしていきなり命令ができるという規定を設けていた自治体がありました。特措法施行後の今日なお、即時対応の必要に備えて、そのような規定を維持している自治体もあるようです。しかし、特措法で明確に命令までの段階的手続きが定められてからは、そのような形で条例によって法律を塗り替えることは、おそらく特措法で許容する「上乗せ」の範囲を超えると思われます。この点については、本書12章を参照してください。

2　所有者の同意による措置代行

特措法の制定以前から自治体が苦心してきた手法の1つ目は、所有者の同意を得た上で、自治体が対応措置を行う措置代行です。

これは、一種の契約といえるでしょう。空き家に手を加えることを、権原を有する所有者自身が認めることが前提ですから、所有権の制約や侵害の問題は発生しません。

費用負担についても、多くは個別の同意事項の中で承諾を得ますが、所有者が費用を負担する旨を条例で定めている自治体もあります。それは、公費を投入することの是非がしばしば問題となるためです。所有者本人が費用負担をし、自治体はいわばその緊急安全処置を代行するという形を明確にするものです。

しかし、この方法は、所有者が見当たらない場合や、所有者の同意

が得られない場合には使えません。

　空き家の所有者を見つけることにはしばしば困難が伴い、後々見つけることができても、即時対応が必要とされた時点では見当たらなかったという例は、多くあります。また、費用負担の面においても、なるべくなら避けたい所有者が同意しないこともあります。

　うまく所有者が見つかり、しかも自治体が必要な対処を即時実施することと、必要な費用をその所有者が負担することに同意が得られれば、解決方法としては最善なのですが、実際のところは、なかなか実績が上がらず、苦労している自治体も少なくないようです。

3　事務管理の法理による対応

　2つ目の手法、すなわち事務管理は、民法697条以下に規定されています。

　その趣旨および効果は、大まかにいえば、善意のお節介を焼いた人が、お節介に踏み込んだことに係る違法性を問われないこととし（違法性の阻却）、かつ、お節介に要した費用の支払を本人から受けられるようにするものです。

　たとえば、隣の家の窓ガラスが台風で割れたのを発見した人が、このままでは防犯上危険であると判断して、新しい窓ガラスを入れてあげた、というような話です。

　事務管理が成立する要件は、一般に、①他人の事務の管理であること、②事務管理者にその事務を行う義務がないこと、③他人のためにする意思があること、④本人の意思に反しないことの4つとされています。

　空き家をめぐる緊急対応についても、この4つの要件を満たせば、本人（所有者）の財産権に介入したことについての違法性は阻却され、修理等に要した費用についても本人から支払いを受けられる、ということになります（民法702条、本人の費用償還義務）。

　要件も一見わかりやすく、使い勝手もよさそうであり、実際に「事

務管理を根拠に即時対応します」と表明している自治体もあります。しかし、別に【本文の1歩先⑥】「事務管理の法理をめぐる論点」で示すように、いくつかの論点があります。また、「なぜ」自治体が事務管理の管理行為に踏み切る

ことができるのか、というきちんと向き合わなければいけない根本的な問いもあります。

　事務管理は、もともと私人のお節介を奨励する制度で、お節介をするかどうかは、まったくの個人の自由意思によるものです。

　しかし、自治体の場合は「どのような法的根拠によって、どのような場合に」管理行為に踏み切るのか、ということの説明が求められ、自由意思とは言い切れないところが残ります。

　事務管理そのものは、お節介が行われた後の始末をつける法理で、自治体が管理行為に踏み切る法的根拠自体を与えるものではありません。

　たとえば、一般に不要不急の小さなお節介であっても、管理行為に該当することはありますが、その程度のことまでも「事務管理に該当しますので、自治体として即時対応します」と議会や住民に説明すれば、おそらく事務管理としての成立以前の問題として「そもそもそれは自治体が行うべき対応なのか」というまっとうな疑問が返ってくるでしょう。ただし、軽微な措置であっても実施する旨を正面から条例で規定した自治体もあります。

　まして、「議員やクレーマーに言われたから」、あるいは「かわいそうだから」などというだけの理由で即時対応に踏み切ったり、「お節介」の範囲を広げたりしては、そもそも自治体として「なぜ」そのような対応を行うのか、という説明がつきません。

　もっとも、本章で想定しているような状況下においては、自治体が管理行為に踏み切る根拠としては、前述した地方自治法や特措法に規

第6章　即時対応を要する場合

定されている自治体の責務を法的根拠として、少なくとも「自治体が対応しなければ、他に誰も対応する者がいない緊急状態」かつ「他の法律では対応できない」という説明ができれば、十分条件を満たします。

なお、このように管理行為に踏み切る根拠についてきちんと説明できるのであれば、他は民法にすでに規定されていることから、わざわざ条例に規定しなくてもかまわない、という見方もあり得ます。

しかし、自治体が即時対応を実施するということを明示する意味でも、対応に踏み切る要件を確認する意味でも、条例にその旨を書きこむことは有益です。さらに、事務管理自体の問題というよりも、より一般的な比例原則等の行政活動に対する制約という視点から見れば、条例には「応急の限度」ないし「必要最小限度」等の表現をもって、対処の限界についても規律しておくとよいでしょう。実際に、各地の条例では、そうした類の規定が多く置かれています。

4　即時強制による対応

3つ目の即時強制とは、相手方に義務を課すことなく行政機関が直接に実力を行使することで行政目的の実現を図る作用で、「即時執行」とも呼ばれます（塩野宏『行政法Ⅰ〈第6版〉』有斐閣、2015年、277頁）。

即時強制の例として、しばしば挙げられる自治体の活動には、自転車の安全利用の促進及び自転車等の駐車対策の総合的推進に関する法律（自転車法）およびそれに基づく条例による放置自転車の撤去があります。放置自転車の撤去は、自転車の所有者に対して「自転車を撤去せよ」という個別の命令を行うことなく、その自転車を別の場所に移動させてしまうもので、安全な往来の確保といった行政目的の実現のために、強制的に実施するものです。

空き家について、この考え方を適用すると、まさに差し迫った危険を取り除くために、所有者に対して義務を課すことなく、危険な部分を撤去したり、修繕したりするということになります。

即時強制については、自治体が条例によって創設することが可能とされています（塩野宏、同書、280頁）。条例上の根拠は必須です。
　しかし、即時強制については、行政代執行における行政代執行法のような一般法がありません。そのため、必要の都度、個別の条例に定めることになります。一般法がないだけに、その書きぶりについてもとくにひな型があるわけではなく、しばしば条文にこれを明示することは難しいと評されてきました。
　また、命令を行わずに、行政が個人の財産等に対して実力を行使するため、個人の権利との緊張関係は否定できず、慎重な適用が求められます。そこで、できるだけ抑制的に運用するべきという意見も有力です。
　こうしたことから、具体的に条例に規定する際には、「目前急迫の障害を除く必要」などとする要件を示して、即時強制（即時執行）を行う場合があること、および、権利制約への抑制的姿勢や比例原則に鑑みてその執行範囲を必要最小限度に限定すること、等を明記するとよいと思われます。

5　緊急対応の備えと心構え

　ここまでに見てきたとおり、どの対応にも一長一短があります。所有者の態様（同意の有無、判明の有無等）に応じて、措置代行、事務管理、即時強制の3つのいずれでも対応できるように備えておく必要があります。
　とはいえ、措置代行や事務管理は、明らかに所有者のためにならないときや、所有者が明確に反対の意思を示しているときには、成立しない可能性がありますので、そのような場合において自治体が即時対応をする根拠は、即時強制しかないことになります。
　もっとも、実際には、他の法律（消防法、災害対策基本法等）で対処できる場合も少なくありません。特措法上も、命令まではされているにもかかわらず、命令後の所有者の動きが鈍く、かつ、非常の場合

または緊急の必要がある場合には、行政代執行法上の戒告および代執行令書の通知を経ずに代執行をすることができ（同法3条3項）、所有者そのものが判明しないときは、略式代執行で対処することも考えられます（特措法14条10項、本書8章）。

　したがって、実際には、即時強制のみで対応せざるを得なくなる場面は、よほどの場合に限られると思われます。

　措置代行と事務管理については、改めて条例で規定する必要はありませんが、即時強制に頼らざるを得ない場合は、条例における明文の規定が必須です。この点は再度強調しておきましょう。

　すでに空き家対策条例が制定されていて、即時対応に係る規定を有する自治体であれば、即時対応に踏み切る要件や対処範囲の限度など、この際再確認しておきましょう。

　一方、これまでに空き家対策条例が制定されず、今後も特措法を適用することで対処する方針で、即時強制による対応も考えていない自治体においては、条例上の対応は必要ありません。

　ただし、実務上、措置代行と事務管理を行う前に、それらに踏み切る要件や対処範囲の限度については、少なくとも要綱等で基準を明確にしておき、くれぐれも財産権侵害、比例原則違反あるいは平等原則違反等のそしりを受けないように、注意しておく必要があります。

　なお、真に緊急対応を迫られ、即時強制の条例規定が間に合わないまま実際に即時強制と同様の行為に踏み切った場合に、最終的な違法性阻却の原理としては、民法上の緊急避難の法理の適用が考えられます（民法720条、いわゆる浦安ヨット事件（最判平成3年3月8日）等）。

　真に住民や公共の危険が予測された際には、自治体が所有者の財産権に介入しても、必要最小限性や比例原則を逸脱しない限り、最終的に所有者との関係で賠償責任が生じたり、住民訴訟で支出経費の返還請求を命じられたりすることは、おそらくあり得ないでしょう。

　むしろ、明確な対応根拠がないことや、費用回収の困難にためらううちに、危険が現実になれば、場合によっては特措法上の自治体の権限の不行使として違法性を問われ、生じた被害に対して賠償責任が生

じることもあり得ます。

　緊急の場合に対応の根拠になり得る法律を日頃から調査研究しておき（本書2章）、個別の法律では対応が困難なときに備えて即時強制の規定を条例に整備しておく。さらには特措法の手続きをきちんと進めておく（本書7章、8章）。こうした備えと心構えが望まれます。

事務管理の法理を めぐる論点

　「困った空き家」に対する緊急対処の論拠として事務管理の法理を挙げることには、本文で触れた他にもいくつかの論点があります。

事務管理の法理を自治体に適用してよいか

　まず「民法上の法理を自治体に当てはめてよいか」という論点が想定されますが、この点については、廃棄物の処理につき業者の側において負担すべき調査を自治体が行い、その費用を事務管理に基づき自治体が償還請求した事案につき、請求を認めた裁判例があります（名古屋高判平成20年6月4日、判例時報2011号120頁）。
　そこで、一般論としては「事務管理の成立を排除する理由はない」といえるでしょう。

事務管理の要件への適合性

　次に、空き家問題が「事務管理の要件のそれぞれを満足するか」という論点があります。
　本文中では、①他人の事務の管理であること、②事務管理者にその事務を行う義務がないこと、③他人のためにする意思があること、④本人の意思に反しないこと、の4要件を示しました。この②〜④の3要件について、代表的な論点をQ&Aの形式で見てみましょう。
② その事務を行う義務がないこと
【Q】自治体には住民の福祉を増進する責務があり、特措法上も空き家に対し必要な措置を適正に講じる責務がある。とすれば「その事務を行う

義務がない」とはいえないのではないか。

【A】いずれも「責務」のレベルで抽象的なものであり、この空き家のこの部分の対策、とはなっていない。また、財産権の保障を考えた場合には、一義的には所有者の責務が先立つ。他の法律（消防法、災害対策基本法等）で定めがあるような場合を別とすれば、自治体に個別具体的に「その事務を行う義務」が「ある」とまでは言えない。

③ 他人のために行うこと

【Q】空き家の緊急対応は、②との関係で、自治体自身のため、あるいは、周囲の住民のために行うものではないか。

【A】事務管理は他人のためにする意思があれば、自分のために行う意思が併存していても成立する。修繕等の対応がなされることは、所有者のために他ならない。

　一方、管理行為が建物自体の除去に及べば、「所有者（他人）のため」といえるかどうか確かに難しい。やや遠回しになることは否めないが、所有者が「困った空き家」を放置したことにより他者に被害を及ぼし、その場合、本人の損害賠償請求をされる事態を回避するため、という意味では、所有者のためと解せるのではないか。

④ 本人の意思に反しないこと

【Q】費用の負担をしたくない、面倒くさい等の理由で所有者本人は放置している。その意思に反するものではないか。

【A】その意思が公序良俗に反したり、強行法規に違反していたりするときは、本人の意思を無視しても事務管理が成立する余地はある。

　ただし、これは「余地はある」にとどまり、すべての場合に「本人の意思に反しない」とまでは言い切れない。③と同様に建物自体の除去に及ぶとき、「所有者（本人）の意思に反しない」と見ることは、通常は難しい。

　こうしてみると、常に事務管理の要件を満たすとはいえないものの、少なくとも満たす場合はあるといえそうです。

第7章 特措法による措置

　空き家の調査が完了し、各自治体の基準に照らして特定空家等と認定された場合には、特措法に従い、具体的な措置の段階に進みます。

　本章では、特措法によって「困った空き家」に対処するときの具体的な措置、すなわち助言・指導、勧告および命令について順に詳しく述べます。

　併せて、これらの措置を行うときに欠かせない実務上の留意点や、特措法の勧告による固定資産税への影響などについても検討します。

1　助言・指導

　相談等を受け調査等を進めてきた空き家が特定空家等と認定されたら、次は、特措法に則りその所有者に適切な改善処置を行ってもらうよう働きかけます。

　特措法では、自主的な対応を促す助言・指導に始まり、効果がない場合は勧告、さらに不利益処分である命令という段階をふんで対応を行うよう規定されています。

■ 助言・指導の内容

　助言・指導から始まる一連の措置において、初めに所有者に働きかける内容は非常に重要です。相談者から話を聞くときや現地調査を実施する時点から十分考えておく必要があります。

　助言・指導の内容は、所有者がそれに従わない場合の勧告や、さらにそれにも従わない場合の命令、また、どうしても対応をしてくれず、代執行に至るときに、何を代執行するかの内容にまで及びます。最終

第7章　特措法による措置　｜　107

的に、代執行にふさわしくないような内容を所有者に命ずることはできませんから、助言・指導のときから、それをふまえた注意が必要です。特措法では、常に財産権の侵害を必要最小限にすることに意を尽くしています。そこで、たとえば敷地の状態がひどいものの、建物の傷みはそれほどではない空き家に対して、建物の除却を指導することは適切とはいえません（ガイドライン9頁、自民党・特措法解説136・137頁）。

　しかし、指導等の過程において、所有者が自主的に、たとえば跡地を活用するとか、修繕して売却する、などと指導以上のことを行うことは、もちろん構いません。

　この措置の内容で実務上、注意が必要なことは、特措法2条1項が「空家等」の対象を「建築物又はこれに附属する工作物」としているのに対し、14条1項の括弧書きでは除却措置の対象を「そのまま放置すれば倒壊等著しく保安上危険となるおそれのある状態又は著しく衛生上有害となるおそれのある状態にない特定空家等については、建築物の除却を除く」としており、ここに工作物が含まれていないことです。つまり、塀や門扉、屋外看板などについては、保安上著しく危険、もしくは衛生上著しく有害でなくとも除却を指導できるということです。特措法の制定過程で当初はここに工作物も含まれていましたが、これらについては、建築物に比べて財産権の侵害や所有者に対する影響が小さいと考えられたのでしょう。現在の条文のように修正されました。

　実務においては、たとえば、景観上の問題がある特定空家等の場合、家屋等の建築物は、除却を指導できませんが、独立看板等の工作物は、除却の指導ができることになります。観光地等の景観への影響が重要なところでは、こうした措置は十分検討する価値があります。

■ 効果のある具体的内容を指導する

　ガイドラインでは、措置が勧告に進んだときには、どこをどのように改善するのか具体的に表記するよう求めています。たとえば、「『壁

面部材が崩落しそうで危険なため対処すること』といった抽象的な概念ではなく、例えば『壁面部材が崩落しないよう、東側2階部分の破損した壁板を撤去すること』」というように、何をすればよいかを明確に示すことが求められています（ガイドライン10・11頁）。勧告の内容は、助言・指導のときと同じですが、最小限の措置ということばかりに囚われると、措置が不十分になり、仮に対応がなされても、すぐに問題が再発する可能性もあります。たとえば立木の繁茂がひどく、隣地への侵入や景観を乱している場合には、一部の枝の伐採のみの措置を指導し、それが実施されたとしても、数年で元の状態に戻ってしまいます。このような場合では、枝が敷地の境界を越えるような場所に生えている木は根元から伐採するなどの措置を指導した方が、再発の心配がなくなります。

■ 助言・指導の形式

　助言・指導をどのような形式で行うかは、とくに定められていません。また、既存の空き家対策条例の規定を見ても、文書で行う自治体と口頭で行う自治体の双方があります。所有者に対する助言や指導が、1回で済むことは、実際にはあまりありません。そのため、何回か繰り返し行うことを前提にすれば、口頭など簡易な方法でもよいでしょう。

　また、家を訪ねても会ってくれない所有者もいます。こうした場合は、口頭指導はできませんので、文書を郵便受け等に置いて戻るしかない場合もあります。あるいは、所有者の居住地が遠隔地で、直接面会することができず、電話や郵便のみで対応せざるを得ない場合もあります。

　これらを考慮すると、助言・指導の段階では、柔軟に対応できる仕組みが、担当者の仕事を進める上で適しているといえます。そこで、あえて形式を定めず、口頭、もしくは文書のいずれでも対応可能にしておくことが、実務上はよいともいえるでしょう。

　しかしながら、いずれの場合についても、助言・指導をいつ、誰に

対して、どのように行ったか、それに対する所有者の反応はどうだったか、などの記録は必ず残しておくべきです。所有者のそれまでの対応状況や経済状態、放置してある事情等は、この段階でかなり収集することができます。次に勧告に進むかどうかの判断をする場合に、こうした事情や過去の対応記録は大変重要になります。

　勧告、さらに命令の段階になると、順にまず税制上の特例がなくなり、次に所有者の財産権を制限する不利益処分を行うことにもなるため、できれば助言・指導の段階で所有者の納得を得て、その自主的な対応に任せるのが望ましいといえます。

2　勧告

　助言・指導を繰り返しても、所有者が応じる見込みがなければ、勧告を行うことになります。勧告は、行政処分ではありませんが、その実施に当たっては、十分な注意と税務部門との連携が求められます。ここでは、勧告の実際とその効果について述べます。

■ 勧告文書の送付

　勧告が行われると、その翌年から固定資産税の小規模住宅特例の対象外となり、税額が上がるなどの効果があります。そのため、口頭ではなく文書で送付するべきです。ガイドラインでは、通常の郵便ではなく配達証明郵便等で送付することを勧めています（ガイドライン10頁、自民党・特措法解説140〜142頁）。

　勧告では、所有者に対して指導段階で行うよう指示した措置と同じ内容の措置をするように通知します。

　勧告の内容は、このような取るべき措置の内容と事由の他に、実施期限や勧告の責任者、勧告によって生じる固定資産税の特例の解除や措置を取らない場合に続いて命令が控えていることなども知らせるとよいでしょう。

　実施の期限は、ガイドラインでも具体的な期間は示されていません

が、措置を行うために通常必要となる期間で、建物の構造や措置の内容に応じて設定することになります（ガイドライン10頁、自民党・特措法解説143頁）。

■ **措置の実施報告**

ガイドラインでは、所有者が措置を行った場合はその旨を勧告責任者に報告することも示すべきとしています。これは実務上重要なことです。なぜなら、空き家問題の担当者が知らないうちに措置が済まされ、その事実をたまたま現場に行って知るということがよくあるからです。とくにシロアリの駆除などは、外観からは実施されたかどうかわからず、措置が行われた後も所有者に、実施を催促してしまうことがあります。

また、所有者が「自分の財産を自分で修繕しただけなので、行政に対して報告する義務はない」と主張し、トラブルになることもあります。こうした無用なトラブルを避けるためにも、勧告には報告が必要である旨を明示しておくことが大切です。

3 勧告の効果と固定資産税への影響

一般に勧告は、命令の前段の措置として、指導に比べていっそう強く所有者に対応措置の実施を求めるものですが、特措法上の勧告には、同法の本来の目的に沿った効果ばかりではなく、税制上の効果もあります。

勧告がなされると、それまで適用されていた固定資産税や都市計画税の小規模住宅の特例の適用が、翌年の課税から外され、税額が上がります。たとえば、地方税法349条の3の2第2項に規定される小規模住宅用地の場合、固定資産税を6分の1とする等の特例が外されますが、宅地には別の特例（非住宅用地の負担調整措置）もあるので、実際の課税額は単純に6倍になるのではなく、多くの場合にその7

割掛けで約4倍強に上がります。

　これは「空家等に関する対策の適切かつ円滑な実施に資するため、必要な税制上の措置その他の措置を講ずる」という特措法15条2項の効果です。この条文上の規定だけでは、「必要な税制上の措置」が具体的に何を意味するのかわかりませんが、同法の制定過程の当初から、固定資産税の小規模住宅特例をどうするかという観点で検討が行われていました。実際、この特例が空き家を取り壊さず残しておくことを助長しているという批判も多くありました（基本的な指針15頁）。

　実は、特措法の制定過程の当初には、空き家を解体した所有者に対して、急に負担が増えないよう何らかの軽減措置を行う方法も検討されていました。また、すでに見附市などにおいて、そのような対応を行っていた前例もありました。しかし、特措法の検討が進む中で、特例の目的や他の納税者との公平性などの観点から、そうした配慮は不要であり、本来の課税を行うべきということになったようです。

■ 税務部門との連携

　勧告が行われた場合、実際に小規模住宅地の固定資産税特例の解除手続きを進めるのは、税務部門です。そのため、勧告後直ちに適用が解除されるとは限りません。

　税務部門では、翌年度の課税に向けて、前年度から準備を進めており、その流れに間に合わなければ、実質的にこうした措置が行えません。さらに、課税事務は、ほとんどの自治体で電算化されていますので、システム上の制約などもあり得ます。大規模な自治体ほど、こうした準備期間が必要なため、勧告対象となる特定空家等の有無にかかわらず、日頃からこうした事務上のスケジュールなどについて、税務部門と情報交換をすることが必要です。また、実際に勧告に至りそうな特定空家等が見込まれる場合は、勧告の前から、実際に必要な手続きやその期間などについて、細部まで確認をして相互の連絡を絶やさないようにする必要があります。とりわけ、勧告を実際に行う場合は、

税務部門と連絡を密にしておくことが重要です。

■ **特措法上の勧告と処分性**

　特措法上の勧告については、一般的には行政指導であり、特段の処分性はないものと理解されています（自民党・特措法解説135頁、パブコメ結果）。

　しかし、勧告がなされると、前記のとおりその結果として、小規模住宅地の固定資産税が数倍に跳ね上がる、という状況を招きます。

　このことから、本当に勧告を処分性なしと扱ってよいのか、という点については、さまざまな議論があります（たとえば、秋山一弘「空家をめぐる法的問題　第二回―特定空家等に関する争訟的観点からの主な論点の確認と若干の検討―」判例時報2285号、判例時報社、2016年、3頁）。

　こうした勧告の処分性については、学問上の問題にとどまるものではなく、勧告の実施が行政訴訟につながる可能性があり、また、行政不服審査法上の審査請求の対象とするべきか、行政手続法上の不利益処分として弁明の機会の付与をするべきかなど、実務にも大きな影響があります。

■ **現実的な対応を具体的に考える**

　【本文の1歩先⑦】「特措法上の勧告の法的性質に係る論点」に論点を記しましたが、結局のところ現時点では、特措法上の勧告についてその処分性の有無をめぐり明確な結論を示すことは困難です。しかし、それでは現場の職員として、実務に当たって、どう行動すればよいか迷ってしまいます。

　そこで、具体的な対策案を検討してみましょう。

　1つは、勧告に当たり、行政手続法に規定される聴聞または弁明の機会の付与の手続きに準じた手続きをふまえることです。勧告が実質的な不利益を生じさせるという感覚から「何も事前手続きをしなくてよいのか」という印象を持つこと自体は、決して不自然ではありませ

ん。

　これは、個別の勧告をするに当たって、慎重な事実確認と手続きを保障するという前向きな取組みといえるでしょう。具体的には、独自条例にそのような手続きを規定することが考えられます。

　もう1つには、勧告を実施する際に、行政指導の中止等を求める制度について、所有者に知らせることも考えられます。

　これは2015（平成27）年に施行された行政手続法36条の2に規定されているもので、行政指導が法律に違反していると考えられる場合に、その中止を求めることができるというものです。行政運営における公正の確保と透明性の向上を図るという目的で、行政処分に至らない行政の活動に対しても、法的に対応する手段が用意されました。

　特措法上の勧告が行政指導に当たるという理解に立てば、この段階で所有者が、勧告の実施について特措法に照らして不適切と考えた場合に中止を求めることができます。この求めを受けた場合、自治体は、勧告が特措法の要件を満たしているかどうかを再度調査することになりますし、運用上、求めた者に対してその結果を通知することとされています。

　なお、行政手続法36条の2第1項ただし書きには「当該行政指導がその相手方について弁明その他意見陳述のための手続を経てされたものであるときは、この限りでない」と規定されていますので、対策案の1つとして前述した対応をしていれば知らせる必要はありません。

　現時点で明確な結論の出ていない勧告の法的性質にこだわるよりは、勧告の内容とそこに至る手順の実質を適法・適切にすることが大切です。具体的には、「行政手続法に基づく」聴聞・弁明の機会の付与は不要、審査請求・取消訴訟の教示文も不要としつつも、その一方で、勧告内容の法的適合性の確認はもちろん、勧告の根拠となる事実を証拠を含めてしっかり押さえ、勧告を受ける側からの事前意見聴取などの実質的な手続きを確実に保障することなどが当面の留意点になるでしょう。

4　命令

　勧告をしても対応がなされない場合は、命令を行うことになります。命令は、行政処分ですので、文書で行います（ガイドライン11頁、自民党・特措法解説153・154頁）。命令の内容は勧告で行ったものと同じです。これは、もし命令の不履行があった場合は、代執行で自治体が自ら行う内容となります。そのため前述したように、助言・指導の段階から、そのことを念頭に置いて措置内容を考える必要があります。

　命令を行うための条件は、基本的には勧告した措置が、指定した期限内に実行されなかったということです。勧告時よりさらに加重条件がないと命令ができないわけではありません。

　むしろ逆に、勧告の期限が過ぎた後、自治体がそれに続く手続きに進まなかった場合、的確な権限の行使を怠ったということで、行政の不作為が問われる可能性もあります。

■ 命令前の手続き

　この命令では、建物の除却などの大きな措置を命じることもありますので、特措法14条4項では命令の前に、その旨の通知をすることとされています。特措法は、行政手続法の例外として、独自の手続きを規定していますので、これらに則って手続きを進めることが必要です。

　具体的には、命令に先立ち、意見書の提出（同条4項）または公開による意見の聴取（同条5～8項）によって反論等を表明する機会を保障することとされています。ただ、その実際の手続きは、行政手続法と同じように運んでも問題はないと考えられます。

　これらの手続きの本来の趣旨は、空き家所有者の権利保護のために慎重な対応をするということです。また、自治体行政側が、代執行をしなければならないような場合、事前にできる限りのことを尽くすという意味もあります。

本文の1歩先⑦

特措法上の勧告の法的性質に係る論点

　特措法上の勧告を受けると、それまで適用されていた税制上の軽減特例が外されます。そこで「勧告」とはいえ、法的性質としては処分性を有するのではないか、という論点があります。
　処分性については、最高裁判所はかつて限定的に解していました（最判昭和39年10月29日）。しかし、近年では権利救済の実効性の観点等から緩やかに解し、通知、勧告、計画決定、条例制定行為等についても、場合によって処分性を認めてきた経緯があります。

通知・勧告に係る処分性をめぐる2つの最高裁判決とその射程

　パブコメ結果の中では、2つの最高裁判決に触れて「国土交通省及び総務省の考え方」が示されています。
　1つは、土壌汚染対策法に基づく通知（有害物質使用特定施設使用廃止通知）に係る最高裁判決（2012（平成24）年2月3日）で、実効的な権利救済を図るという観点から「も」同通知に対する処分性を認めたものです。この例は、当該通知自体が通知を受けた所有者等に土壌汚染法に基づく調査報告義務を生じさせていることから、所有者等の法的地位に直接的な影響を及ぼしていると評価できるものでもありました。
　もう1つは、医療法に基づく病院開設中止勧告に係る最高裁判決（2005（平成17）年7月5日）です。病院の開設希望者は、この勧告を受けると相当程度の確実さをもって健康保険法等の保険医療機関の指定を受けることができなくなります。そうした勧告の効果および指定がなければ実質的に病院の開設自体を断念せざるを得なくなるという保険医療機関の指定が持つ意義をふまえて、その勧告に処分性を認めたものです。

パブコメ結果の「国土交通省及び総務省の考え方」では、前者については、特措法上の勧告は同法に基づく権利・義務の変動を相手方に生じないものであり、後者については、特措法上の勧告の場合には、後続する固定資産税の賦課処分について審査請求が可能であることから、当該行政行為の時点で処分性を認めなくても相手方の救済が可能な点で差異がある、として、特措法上の勧告は、必ずしも上記両判決の射程に入らないとしています。
　今後裁判所が、権利救済の実効性等から、特措法上の勧告に処分性を認める可能性が全くないとはいえませんが（勧告の適法性を争うことで、後続する特措法上の命令と固定資産税の課税処分の両方を一度に争うことができるという実利もあります）、現時点ではその可能性はまず低いと思われます。

特措法上の勧告は不利益処分か

　特措法上の勧告には、行政手続法に定められている不利益処分に対する適正な手続きの保障という観点から、不利益処分と見るべきか否かという問題もあります。
　小規模宅地の課税特例の解除は、反射的な不利益にとどまるものであり、いわゆる「不利益処分」に該当するものではないとされています。すなわち、地方税法の規定のみから「人の居住の用に供していない」と判断して特例を解除する場合には聴聞・弁明の機会の付与は不要です。
　一方、特措法上の勧告を不利益処分として扱うと、行政手続法に特段の例外規定がない以上、特例解除の効果を伴う勧告の段階で聴聞・弁明の機会の付与が必要となり、地方税法の扱いとバランスを欠くことになります。
　やはり、特措法上の勧告は不利益処分と見るべきではないでしょう。

第8章 強制的解決策

本章では前章で扱った特措法における一連の措置手続きの先、すなわち特定空家等の所有者が命令に従わなかったときの強制的解決策を取り上げます。

特措法では、行政代執行および略式代執行としてこれに関する規定がありますが、代執行については行政代執行法がその一般法ですから、ここでも必要に応じて同法を併せて見ます。

また、固定資産税に滞納がある場合や当該空き家に金融機関の抵当権が設定されている場合には、別の解決手法もあります。

強制的手法は、自治体としてはなるべく避ける傾向があります。とはいえ、しかるべきときにはしかるべき決断と実行ができるよう、制度を研究し理解を深めておくことが大切です。

1 行政代執行

特措法14条3項の命令を行っても、その者がその措置を履行しないとき、履行しても十分でないとき、または履行しても期限までに完了する見込みがないときは、行政代執行法の手続きに従って、行政代執行を行うことができます(特措法14条9項)。

代執行とは、「代替的作為義務」と呼ばれる他人が代わって行うことができる義務が履行されないときに、「義務者」すなわちその義務を負っている者が行うべき行為を、行政庁が自ら行うか、あるいは第三者にこれを行わせて、それにかかった費用を義務者から徴収する制度のことです。

■ 代執行の要件

　代執行は、相手方の意思にかかわらず強制力を行使する強力な作用ですから、その運用に当たっては慎重な配慮が欠かせません。

[１] 義務の不履行の存在

　特措法14条9項は、代執行の要件を定めた行政代執行法2条の特則で、「第3項の規定により必要な措置を命じた場合において、その措置を命ぜられた者がその措置を履行しないとき、履行しても十分でないとき又は履行しても同項の期限までに完了する見込みがないとき」は、行政代執行法の定めるところに従い代執行ができるとしています。

　「必要な措置を命じた場合において」に該当するためには、命令が有効でなければなりません。逆にいえば、命令が無効である場合の他は、命令が取り消されない限り、「必要な措置を命じた場合」という要件を満たしていることになります。

[２] その他の要件

　法が求める要件は[１]で述べた「義務の不履行の存在」のみですが、ガイドラインでは、代執行できる措置については、①他人が代わってすることのできる義務（代替的作為義務）に限られること、②当該特定空家等による周辺の生活環境等の保全を図るという規制目的を達成するために必要かつ合理的な範囲内のものとしなければならないことの2つの要件を満たす必要があるとしています（ガイドライン15頁）。

　このうち、要件①については、除却、修繕、立木竹の伐採等の措置は代替的作為義務に当たりますので、問題にはなりません。

　問題になるのは要件②についてです。これは、代執行は強い権力の行使ですから「行き過ぎないように注意しましょう」という趣旨です。

　ここで重要なことは、代執行の実施に係る意思決定を行う起案に、その「必要性」と「合理的な範囲内のものであること」をしっかりと明

記しておくことです。すなわち、後に行政代執行の実施について紛争が発生した場合に、代執行を実施するという意思決定が適法であったことを説明できるように備えておく必要があります。そのため、特定空家等の客観的な状況を示し、代執行以外の手段では地域住民の生命、身体、財産、生活環境を守ることができないこと、および具体的な代執行の内容が地域住民の生命、身体、財産、生活環境を守るために必要な最小限のものであることを起案に明記することには重要な意味があります。

　なお、法律上の要件を満たすと行政庁には代執行の権限が生じますが、その権限をいつどのように発動するかは行政庁の裁量に属します（東京高判昭和42年10月26日、高等裁判所民事判例集20巻5号458頁）。

■ 代執行の手続き

　ここでは少し丁寧に、順を追って進めます。

［1］手続きに入る前
　特措法14条に基づいて「特定空家等に対する措置」を講じようとする「特定空家等」について、その措置の過程で、抵当権等の担保物件や賃貸借契約による賃貸借権が設定されていること等が判明する場合があります。

　この場合について、ガイドラインでは、同条に基づく「特定空家等に対する措置」は、客観的事情により判断される「特定空家等」に対してなされる措置であるため、命令等の対象となる「特定空家等」に抵当権等が設定されていた場合でも、市町村長等が命令等を行うに当たっては、関係する権利者と必ずしも調整を行う必要はなく、基本的には当該抵当権者等と「特定空家等」の所有者等とによる解決に委ねられるとしています（ガイドライン8頁）。

　確かに、建物の修繕や立木竹の伐採であれば、通常、抵当権等の権利者にとって不利益はないため、調整を行う必要はないと考えられま

す。しかし、建物の除却を行う場合は、建物の抵当権者等の権利の対象が消滅することになるため、抵当権者等への影響の大きさを考えれば、事前に話をしておくべきです。「必要な措置」として除却を選択するような状態にある「特定空家等」には、すでに経済的な価値はないに等しいと考えられます。このような場合は抵当権者等にとっても、その建物の対価からは明らかに債権を回収することが見込めませんので、一般にその理解は得られやすいでしょう。

[2] 戒告

　代執行を実施するには、「相当の履行期限」を定め、その期限までに義務の履行がないときは、代執行をする旨をあらかじめ文書で戒告しなければなりません（行政代執行法3条1項）。また、戒告を行う際には、当該処分について不服申立てをすることができること、不服申立ての相手となる行政庁および不服申立てをすることができる期間、といった事項を書面で教示しなければなりません（行政不服審査法82条1項）。戒告書の様式は、ガイドラインに参考様式6として示されています。

　「相当の履行期限」についてどの程度の期間を置くべきかの定めはありませんが、戒告は、その時点において命令に係る措置の履行がなされていないことを前提として、義務者が自ら措置を行うように督促する意味を持つものですから、少なくとも戒告の時点から起算して当該措置を履行することが社会通念上、すなわち常識的に判断して、可能な期限でなければなりません（ガイドライン15頁）。

　戒告では、市町村長による命令が履行されないときに、当該市町村長が当該特定空家等について具体的にどのような措置を代執行することとなるのかを相手方に通知するため、義務の内容を明確に記載することが必要です（ガイドライン15頁）。

　戒告をすることは市町村長の義務であるため、戒告を行った事実を後に立証することを可能にするためにも、配達証明かつ内容証明の郵便とすることが望ましいでしょう。受取りを拒否された場合など、や

むなく配達証明かつ内容証明郵便以外で通知する場合には、配達記録をつけるなど到達の事実を立証できるようにし、かつ通知内容についての起案を保存するなど、通知内容の立証に役立つ文書を残すようにしましょう。

[３] 代執行令書

　義務者が前述の戒告を受けて、指定の期限までにその義務を履行しないときは、市町村長は、代執行令書をもって、代執行をなすべき時期、代執行のために派遣する執行責任者の氏名、代執行に要する費用の概算による見積額を義務者に通知します（行政代執行法３条２項）。代執行令書の様式は、ガイドラインに参考様式７として示されています。

　代執行令書を通知する際には、当該処分について不服申立てをすることができること、不服申立ての相手となる行政庁および不服申立てをすることができる期間を書面で教示しなければなりません（行政不服審査法82条１項）。

　代執行令書による通知と代執行をなすべき時期の時間的間隔についての定めはなく、市町村長の裁量に委ねられますが、たとえば特定空家等の除却を行う必要がある場合には、義務者が当該特定空家等から動産を搬出すること等に配慮することが必要です（ガイドライン16頁）。

　なお、非常の場合または危険切迫の場合において、命令内容の実施に緊急の必要があり、前述の戒告および代執行令書による通知の手続きをとる暇がないときは、その手続きを経ないで代執行をすることができます（行政代執行法３条３項）。

[４] 代執行の実施

　代執行権者である市町村長は、代執行の実務を取り仕切る執行責任者に対して「その者が執行責任者たる本人であることを示すべき証票」を交付しなければなりません。また、執行責任者は、この証票を携帯

し、要求があるときは、これを提示しなければなりません（行政代執行法4条）。執行責任者証の様式は、ガイドラインに参考様式8として示されています。

　なお、他人の所有する不動産に承諾なく立ち入り、場合によってはその不動産を除却することまでできるのは、代執行という法律に定められた権限があるからこそです。この権限を行使できるのは代執行開始宣言を行ってから代執行終了宣言を行うまでの間のみです。代執行開始宣言を行う前に特定空家等に立ち入れば、それは不法侵入になります。代執行開始宣言前に特定空家等に立ち入って作業の準備をしたり、特定空家等の敷地内に作業道具を置いたり、まだ作業道具が特定空家等の敷地内に置かれているのに代執行終了宣言をしたりしないよう十分注意しなければなりません。

　代執行実施中の作業について、代執行前には壊れていなかったものが壊れている、代執行前にはあったはずのものがなくなっているなど、特定空家等の所有者等が後に主張することも考えられます。問題なく代執行が行われたことを証明できるようにするためにも、代執行実施中は、ビデオや写真撮影等を心がけ、画像の記録を残しましょう。

　代執行の対象となる特定空家等の中に相当の価値ある動産が存在する場合には、まず、所有者に運び出すよう連絡し、応じない場合は保管し、所有者に期間を定めて引き取りに来るよう連絡します。この場合にも代執行前には壊れていなかったものが壊れている、代執行前にはあったはずのものがなくなっているなど、特定空家等の所有者等から後に主張されることも考えられます。そのため、動産を搬出し保管する場合には、代執行開始時の状態を写真撮影した上で、何を搬出し保管しているのか動産目録を作成する必要があります。

　搬出した動産をいつまで保管するかについては、民事執行法に基づく建物明渡しの強制執行で、建物内の動産を執行官が保管する場合に、通常1か月保管していることが参考になります。

　また、代執行では、通常建物の図面や当該建物がこれまでどのような修繕をしてきたのかなどの情報が得られないまま工事が始められま

す。実際に代執行を実施すると、立入調査をしてもわからなかった不測の事態が発生することもあり、その場で判断しなければならないことが出てくることもままあります。そのような場合には「代執行は目的のために必要最小限の実力の行使が許されたもの」ということを肝に銘じて判断し、手続きを進める必要があります。地域住民の生命、身体、財産、生活環境を守るという目的のために必要最小限の行為か否か、が判断の基準です。

　代執行の本体は物理的力の行使そのものですが、義務者の身体に対する強制力はありません。もっとも、義務者が代執行に物理的に抵抗することがあると、その物理的排除が問題となります。これに関して、行政代執行法はこれを排除する権限を正面からは認めてはいません。しかし、代執行に伴う行為として一定程度の実力の行使を認める見解があり（広岡隆『行政代執行法〔新版〕』有斐閣、1981年、175・176頁）、実務上は警察官職務執行法（4条・5条）によることもあります。抵抗の態様が、公務執行妨害罪等の構成要件を充たすときは、現行犯逮捕ということもあり得ます（前掲『行政法Ⅰ〈第6版〉』、258頁）。義務者の抵抗が予想される場合には、警察官に立ち会いを求めることも1つの方法です。

[5] **納付命令**

　代執行に要した費用は、行政庁が義務者から徴収することができます（行政代執行法2条）。当該費用について、行政庁が義務者に対して持つ請求権は、行政代執行法に基づく請求権で、義務者から徴収すべき金額は代執行の手数料ではなく、実際に代執行にかかった費用です。したがって、作業員の賃金、請負人に対する報酬、資材費および第三者に支払うべき補償料等は含まれますが、義務違反の確認のためにかかった調査費等は含まれません（ガイドライン16・17頁）。

　市町村長は、実際にかかった費用の額、その納期日を定め、文書（納付命令書）でその納付を命じます（行政代執行法5条）。

[6] 費用の徴収

代執行費用は、「その他の普通地方公共団体の歳入」として、納期限までに納付しないときは、改めて期限を指定して督促します（地方自治法231条の3第1項、収用代執行研究会『土地収用の代執行』プログレス、2008年、121頁）。

費用の徴収については、国税滞納処分の例による強制徴収が認められ（行政代執行法6条1項）、財産の差押え（国税徴収法47条）、差押財産の公売等による換価（同法89条以下、94条以下）、換価代金の配当（同法128条以下）等により徴収することができます。代執行費用については、市町村長は、国税および地方税に次ぐ順位の先取特権を有します（行政代執行法6条2項）。

2　略式代執行

特措法14条3項の命令の名宛人、すなわち相手方となるはずの所有者が不明のとき、それゆえに当該命令を出すことができず、行政代執行を行うことができないとすれば、地域住民の生命、身体または財産を保護することができません。そこで特措法は、市町村長は、過失がなく所有者等を確知することができない（過失がなく助言または指導、勧告の相手方を確知することができないため命令を行うことができない場合も含みます）ときでも、相当の期限を定めて公告をした上で、当該命令に係る措置の代執行、いわゆる略式代執行ができるとしました（同条10項）。

なお、特措法14条10項に基づく略式代執行は、同条3項の規定により「必要な措置を命じようとする場合」を前提としていることから、必要な措置を命ずるに至らない程度のものについて略式代執行を行うことは認められません（ガイドライン17頁）。

■ 略式代執行の要件

略式代執行を行うに当たっては、次の[1][2]の要件を満たす

必要があります。

［1］過失がなくてその措置を命ぜられるべき者を確知することができないこと

「過失がなくて」とは、市町村長がその職務行為において通常要求される注意義務を履行したことを意味します。また、「確知することができない」とは、措置を命ぜられるべき者の氏名および所在をともに確知し得ない場合および氏名は知り得ても所在を確知し得ない場合をいうものと解されます。

どこまで追跡すれば「過失がなくて」「確知することができない」といえるかについての定めはありませんが、少なくとも、不動産登記簿情報等の一般に公開されている情報や、住民票情報等の市町村が保有する情報、および特措法10条に基づく固定資産課税情報等を活用せずに「所有者等を特定することができなかった」としては、「過失がない」とは言い難いでしょう（ガイドライン17・18頁）。

［2］その措置が代替的作為義務であること

この要件については、除却、修繕、立木竹の伐採等の措置は他人が代わってすることができる義務（代替的作為義務）に当たりますので、問題にはなりません。

■ 略式代執行の手続き

略式代執行の手続きについては、「事前の公告」（特措法14条10項）を経た後は、上述した行政代執行と同様です。

［1］事前の公告

略式代執行を行う場合においては、相当の期限を定めて、当該措置を行うべきことや、その期限までに当該措置を行わないときは、市町村長または当該市町村長が命じた者か委任した者が、その措置を行うことをあらかじめ公告しなければなりません（特措法14条10項）。

公告の方法はとくに定められていませんので、当該市町村の掲示板に掲示することで足りると考えられますが、より周到を期するためには、掲示があったことを当該市町村の「広報」・「公報」等に掲載することが考えられます（前掲『行政代執行法〔新版〕』43頁）。

また、公告の期間については、官報等への掲載の場合、最後に掲載した日またはその掲載に代わる掲示を始めた日から2週間を経過した時に、相手方に到達したものとみなされることが参考になります（民法98条、民事訴訟法111・112条、行政手続法31条の規定により準用する同法15条3項、ガイドライン18頁）。

[2] 略式代執行の実施

略式代執行の場合も、代執行の対象となる所有者が不明の特定空家等の中に相当の価値のある動産がある場合は、一般の行政代執行と同様に、まず、運び出すよう公示し、連絡がない場合は保管し、期間を定めて引き取りに来るよう公示します（ガイドライン18頁）。

[3] 費用の徴収

略式代執行は、行政代執行法の規定に基づかないものですから、行政代執行法6条1項の適用がないため、代執行にかかった費用を強制徴収することができません。

後に義務者が判明したときは、その者から代執行に要した費用を徴収することができますが、義務者が支払おうとしない場合、市町村は民事訴訟を提起し、裁判所による給付判決を債務名義として民事執行法に基づく強制執行に訴えることになります（地方自治法施行令171条の2第3号、ガイドライン18頁）。

3 税務部門との協力策

行政代執行や略式代執行の他にも、強制的な措置が可能な場合があります。

その1つは、固定資産税等の滞納がある場合です。所有者が滞納している税を払う誠意がない場合は、空き家を差し押さえて公売にかける方法があります。公売までに至らなくとも、差押えを行った段階で、所有者が自主的に任意売却を申し入れてくる場合もあります。いずれの場合も、新たな所有者の手に移れば、きちんとした管理が行われるはずです。そこで「困った空き家」問題は解決ということになります（中脇貴裕「税務面からの老朽空き家対策」『月刊　地域づくり』一般財団法人 地域活性化センター、2013年2月号、28・29頁）。

しかし、実際に差押え等を担任し実行するのは税務部門であり、実情としては、多くの場合に税務部門は多数の滞納整理案件を抱えて、人手が不足しています。そうした多数の案件の中で、空き家の案件が高い優先順位で処理を待つとは限りません。そこで他の案件よりも優先的に空き家の案件を処理してもらうためには、依頼の折りばかりではなく、平素から税務部門との連携を深めておくことが大切です。

もう1つは、登記簿の調査を行った際などに、当該空き家の敷地や建物に抵当権がついていることが判明した場合です。抵当権が生きているならば、その執行を金融機関に相談することも、解決に向けて有効な方策です。ただ、問題となる空き家は、建築後長い時間が経っていることが多く、登記簿上抵当権の抹消がない場合でも、実際にはすでに借入れの返済が終わっていることもあります。その確認のために、特措法10条3項の規定により、抵当権を持つ信用保証会社や銀行等に対して、借入金の返済状況等を照会することも可能です。

もっとも、税務部門は業務上の必要により、通常こうした照会を随時行っています。そこで、様式や問い合わせの実務的な知識等も保有している場合が多くあります。この面からも、やはり税務部門とは日頃から情報交換を密にするなど、良好な協力関係を維持することが大切です。

参考までに、抵当権を問い合わせる際の様式の例を掲げます。回答様式も作成して一緒に送付すると、相手の負担軽減にもなり、また確認したい事項を漏らすこともありません。

○抵当権を問い合わせる際の様式例

○市○○号

○○銀行○○支店御中

××市長　○山　×男

老朽建築物所有者に係る債権額等の現況調査について（依頼）

　日頃より、市政につきまして御協力を賜り厚く御礼申し上げます。
　さて、この度市内の老朽建築物の整理にあたり、下記物件の現況における債権額等の確認が必要となりました。
　つきましては、御多忙中のところ恐縮ですが、貴社が次の不動産に設定している債権等について、御回答下さいますようお願い申し上げます。

【調査依頼物件】

不動産の表示	土地　××市△3丁目2881番138	不動産登記簿写し参照
	建物　××市△3丁目2881番138　家屋番号　××番	
所　有　者	氏　　　名　空家　空夫	
	登記簿の住所　○○市○○×丁目×番×号	
	住民登録の住所　○○市○○×丁目×番×号	
債　務　者	○○市○○×丁目×番×号　空家　空夫	
債務の種類	☒抵当権　□根抵当権　□その他（　　　　　　　　　）	
そ　の　他		

以上

○○市　××課
担当　○○

〇回答書様式例

回　答　書

平成　年　月　日

××市長　〇山　×男　殿

債権者

_____
_____印
連絡先　　（　　）_____
担当者　_____

　平成　年　月　日付、〇市〇〇号にて依頼のありました債権額等の調査については、次のとおり回答いたします。

不動産の表示	土地　××市△3丁目2881番138 建物　××市△3丁目2881番138　家屋番号　××番	
所　有　者	氏　　　名	空家　空夫
	登記簿の住所	〇〇市〇〇×丁目×番×号
	住民登録の住所	〇〇市〇〇×丁目×番×号

債　務　の　種　類	□抵当権　□根抵当権　□仮登記
	□その他（　　　　　　　　　　　　）
当初の借入額	年　　月　　日　　　　　　　　　円
調査日現在の残額	円
返　済　の　方　法	□年払　□半年払　□月払　□その他（　　　　） 返済額　　　　　　円
返　済　状　況　等	平成　年　　月完済予定。その他…
特　　　　記	

本文の1歩先 ⑧

即時強制に係る費用を めぐる論点

　即時強制（即時執行）は、「相手方に義務を課すことなく」実力行使をして、公益のための行政目的を実現するということですから、即時強制行為それ自体は適法な行政の活動です。そして、その行為による権利の制約を相手方に受忍させることはできます。しかし、それ以上の負担を求めるものではありませんので、本来即時強制に要した費用は執行側が負担することになりそうですが、それでよいのでしょうか。

即時強制に係る費用はまったく回収不能か

　これについては、「行政代執行では回収できるではないか」、あるいは「事務管理の法理を用いても本人に費用負担を求められるではないか」という声が聞こえてきそうです。

　しかし、行政代執行の場合には、義務の不履行が前提にあり、その義務を行政が代わりに執行したからこその費用負担です（本書8章）。即時強制では、その前に義務の不履行はありません。

　また、事務管理については、「本人のため」の費用を代わって支出したのですから、本人から費用の償還を求めることができるという理屈です。即時強制は、本人のための支出ではなく、公益という行政目的のための支出ですから同様には考えられません。

　では、即時強制に係る費用を本人から回収する工夫はないものでしょうか。

　本文で例に挙げた放置自転車の場合には、法律およびそれに基づく条例により、通常は撤去手数料や保管手数料が徴収されています。これはまさに建前上何らの費用回収もできないことに不合理性を認め、法律で原因者

負担金制度を創設することで、立法的解決が図られたものです。

　「困った空き家」の場合も、少なくとも特措法上の責務に照らせば、所有者に原因を作った不作為の事実がありながら、そのような所有者に費用負担を求めることができず、何らの費用回収もできないという結論は、確かに不合理に思われます。

　即時強制であっても、空き家を修繕した場合に、支出した費用（の一部）が所有者の利益として残っているときには、その部分を不当利得と構成して、返還を請求できる可能性があるのではないかと思われます。

費用を徴収する旨を条例に規定すればよいか

　即時強制を定める条例にたとえば「費用を徴収するものとする」などと規定を書き込み、それに基づいて実際に費用を請求する、という手法はどうでしょうか。

　確かに、特措法 14 条 10 項の略式代執行の規定には、「（確知できない所有者である）その者の負担において」代執行をするとされており、強制徴収はできないまでも、通常の債権として法的手続きによって回収することが可能とされています（本書 8 章、ガイドライン 17・18 頁）。

　しかし、法律上の裏付けがなく、条例の定めを唯一の拠り所にする手法には、残念ながら相対的な力不足は否めません。民事訴訟の提起に始まる一連の法的手段によって係る費用の回収を図ることは、裁判所の現状から見てもかなり困難といわざるを得ません。

　とはいえ、「費用を徴収するものとする」という条例規定をあきらめる必要はありませんし、前述の不当利得の構造を説明し費用相当額の「返還」を所有者に「任意で」求めることには臆する必要もありません。ただ現実的対応としては、しっかり請求した上で、どうしても断られたらあきらめざるを得ない、というところに落ち着くのではないかと思われます。

第9章 誘導的解決策

本章では、強制的な手段によらず、所有者の主体的な意思によって「困った空き家」に対処する誘導的解決策を取り上げます。事例を織り込みながら、施策開発の段階や実施に当たって配慮を要する事項、および実施過程で見えてきた注意点などを紹介します。

前章までの、最終的に強制力の行使に至る対処策では、一般に法的な適合性を重視せざるを得ません。しかし、本章の誘導的解決策では、より地域特性や個別事情に配慮した柔軟な工夫が施策の実効性を高めます。

1 誘導的解決策を実施する場合の配慮事項

誘導的解決策においては、空き家所有者の主体的な意思によって有効な措置が始まるため、行政側の視点から進めるだけでなく、所有者側にも空き家対策に取り組むだけの利点が感じられることが必要です。

都市部においては、土地の持つ資産価値が高いため、比較的狭い面積の土地でも流通の可能性は高くなります。しかし、一般に不動産売買等の知識を豊富に持つ人はそれほど多くはいません。漠然とした損得勘定によって売りを控える判断がなされることも少なくないようです。そこで、不動産売買に係る法制度を説明したり、市場で流通させることの利点なども含めて具体的な解決策を提示したりすることが解決に結びつく可能性があります。

一方、都市部以外の地域では、一般に空き家が不動産として流通する可能性は低いでしょう。また、住宅地として流通が見込めそうな地域でも、空き家の所有者による自主的な解体は、すぐには期待できま

せん。そこで、発想を変え、空き家の発生を予防する視点から施策を提起することが、一見遠回りのようにも見えますが、その実、効果の発揮を期待できます。

　要は建物の新たな活用に理解を求め、円滑な実施を促すことです。

■ 私有財産への公金支出の正当性

　「困った空き家」問題の対策では、状況によっては該当する空き家を除却する他なく、相当の費用が発生することがあります。しかし、多くの場合、そもそも所有者が、さまざまな事情からそうした費用の負担を躊躇したために、管理不全の状況が放置されて「困った空き家」が生まれています。いかに自治体から求められても、そうそう簡単に所有者が全額負担に応じるとは思えません。そうした事情は、金額の多寡こそあれ、除却に限られることではありません。「困った空き家」の対処には、自治体の担当職員にかかる人件費等の間接経費以外にも、公金の支出が少なくとも一時的に、必要になります。

　しかし、土地や建物といった私有財産に対して、地域の安全確保等が目的とはいえ、はたして公金を支出することが妥当であるか、という問題は常に重く残ります。

　たとえば、建物の補修への公的資金の投入は、私有財産の形成に寄与することにもつながりますし、いずれ自治体が公金を使って対処してくれるのを待つというモラルハザードを助長する危険性もあります。そこで空き家問題の対策を設計する際には、公金の支出が反射的に私有財産の形成に寄与する点と、周辺への危険や迷惑の面で公共の福祉の増進に寄与する点を比較衡量することが欠かせません。

■ 空き家の「理由（わけ）」を聞く

　誘導的解決策を導くには、当該空き家の所有者から丁寧に事情を聞き取ることが大切です。とりわけ「なぜ」空き家を放置しているのか、その「わけ」を解決すれば、自主的な対応につながる可能性が高まります。実際、自治体の担当職員が少しの知恵を貸すなど「背中を一押し」

するだけで、強制的措置への道が避けられ、「穏当な」解決策に結びついた事例は少なくありません。

そうした「わけ」の一例として、空き家が他人に迷惑をかけているということを、その所有者が「知らない」ということがままあります。

近年では、子どもが結婚などを機に親から独立し、遠隔地に別居していることも少なくありません。その状態で親が亡くなり、その家に住む人がないまま、なんとなく気にはなってはいるが、そのまま放置しているという、いわば「消極的放置」の状態になりがちです。

そのような場合においては、所有者は、当該空き家を見に行くこともなく、家屋が傷んでいることすら知りません。自治体の担当者から「困った空き家」となっている事実を知らされても、「周囲に迷惑はかけたくないが、住んでもいない家の修繕のためだけに、はるばる遠くまで出かけたくない」などと言われることもあります。それは正直な気持ちかもしれません。普段意識していない物件だけに、このような些細な理由で腰が上がらないのです。とはいえ、そこからでも説得につなげる次の一手を考えなければなりません。たとえば、写真で現況を示すなど、丁寧な説明を重ねることで、自主的な対応を促します。

■ 経済的「理由（わけ）」への配慮

「困った空き家」の所有者には、経済的な「わけ」を語る人も少なくありません。

実際、家屋を解体した経験がある人はそうそういるものではありません。どれほどの費用がかかるものか、漠然と大金を要するとは想像できるとしても、大方は、実際のところは見当がつかないでしょう。余裕資金の蓄えがあれば話は別ですが、解体した後にその敷地を売却して費用に充てるしかない場合には、確実な売却の見込みがない限り大きな不安を抱えることは否めません。

当該空き家の所有者が高齢者の場合、そうした不安はよりいっそう高くなります。決して高額とはいえない年金の支給に生活を頼る高齢者に、空き家解体の費用負担を迫るのは酷な場合もあります。

また、業者に必要な措置を依頼するにも、そうした業者がわからないという場合もありますし、所有者が高齢者の場合には、業者を探す体力も気力もない、あるいは契約を結ぶ作業でさえも身体的事情などからできない、という場合もあります。

　こうした事情を抱える所有者の多くは、まさに心ならずも「困った空き家」を放置しています。後ろめたさにも似た、その心の不安を解消させるためにも、自治体の担当者には積極的な対応が求められます。

■ 心理的「理由（わけ）」への配慮

　他にも誘導的解決策を導くに当たり、配慮を忘れてはいけない側面があります。それは、所有者の気持ち、すなわち心理的「わけ」です。

　たとえば、仏壇があるから空き家を解体できない、という例があります。ご本人にとっては重大な事情です。「ご先祖様、仏様に申し開きが立たないようなことはできません」という人も多いでしょう。

　このような場合、仏壇を適切に処理することを所有者に納得してもらうことが必要です。寺に依頼し「魂抜き」をしてもらい、仏壇ばかりではなく家の外でも儀式をして、結果として利活用に結びついた実例があります。

　さらに、土地や建物に対する所有者の愛着といった気持ちが「わけ」の大きな要素であることに気づかされることもあります。長年住んできた土地や建物は、その人の人生の思い出と共に心に大きな位地を占めます。それを一方的に「危険だから除却」などと、いわば「上から目線」で話を始めてしまうと、相談ですらなかなか円滑に進みません。

■ 種々の事情への備え

　以上に挙げた例からもわかるように、空き家の所有者からは種々の「わけ」を伴う事情が縷々説明されることがあります。

　ガイドラインでは、措置ができないことの正当な理由を、そもそも、その空き家に対する権原を持っていないこと等としており、単に措置を行うための費用がないといったことは正当な理由にならないとして

います（ガイドライン11頁、自民党・特措法解説146頁）。しかし、自らが所有する家屋が適切な管理ができずに「困った空き家」になったこと、その対処を図りたくとも手が出せずにいる現状、の双方に忸怩たる思いを禁じ得ない所有者もいます。自治体の担当者は、「正当な理由にならない」と突き放すことが必要な場合もあるでしょうが、まずはそれぞれの事情に応じた知恵を絞ることが求められます。

たとえば、所有者が遠隔地にいるとしても、自治体として修繕等を依頼できる業者を紹介することはできるでしょう。解体に係る費用も、業者を紹介することで大まかな検討がつきます。解体した後の敷地の売買については、あらかじめ不動産業界との連携を図っておくことが考えられます。あるいは前述したように、お寺を紹介した例もあります。後にも述べますが、こうして業者等を仲介することで解決を図る場合には、公平・公正を旨とし、なるべく複数の中から所有者自身が選択できるようにする配慮も欠かせません。

また、業者との契約自体が困難な場合には、業者に対する手続きを自治体の担当者が代行することを考慮しなければならないときもあります。その場合は、後日のトラブルを避けるためにも、とくに慎重にことを進める必要があります。

いずれにせよ、当該空き家に対する所有者の愛着なども含め、気持ちに寄り添った対応を心がけることが基本です。そのためには、適切な助言ができるための「引き出し」をいかにたくさん用意しておくか、またその引き出しの中身についても随時研修や勉強会を開くなどして「旬のもの」を豊富に備えることが重要です。

所有者とのやり取りは、そうそう頻繁にはできません。その時対応した職員の知識不足のために、解決できる空き家がそのままになってしまうことがないようにしたいものです。

2　誘導的解決策の具体例

次に、空き家問題を誘導的に解決する方策の具体例をいくつか挙げ、

併せて注意点なども検討してみましょう。

■ 措置代行や業者紹介

　本書6章では、即時対応を要する場合における所有者の同意による措置代行について述べました。もちろん、所有者の同意によって自治体が措置を代行することは、そうした場合に限られるものではありません。「困った空き家」の状況にもよりますが、むしろ、ある程度時間的余裕を持って所有者と事前に具体的な措置内容や方法など細部にわたる打合せを行ってから進める方が、事がうまく運ぶでしょう。

　前述のように、当該空き家の所有者が遠隔地に居住していたり、高齢者であったりして対応が思うに任せない場合など、所有者自身では適切な措置を業者と契約することができない場合には、所有者の同意を得て、所有者に代わって必要な措置を自治体が自ら直接、もしくは業者と契約を結ぶことによって間接的に実施し、その費用を所有者に請求することが考えられます。

　この手法は、たとえばひどく繁茂している樹木の伐採などのような比較的軽微な対応で、空き家に起因する問題が解決できる場合などにおいて有効です。

　また、自治体が代行するまでもなく、適切な措置が可能な業者を紹介するだけで問題の解決に結びつくこともあります。

　たとえば、空き家の屋根に設置されていたテレビアンテナが倒れかかり隣家に被害を与えそうな状況において、遠隔地に居住する所有者に連絡を取ったところ、地元業者の紹介を求められ、いくつかの業者を紹介することで直ちに解決に結びついた例があります。

　この実例を含め、自治体が業者を紹介することで、所有者にとってはまったく初めての業者であっても、信用して適切な措置に関する契約を結ぶことができます。

　反面、自治体の側としては、間違いがない業者を選ぶことや特定の業者に利することがないようにすることなどに留意した上で、なるべく複数の候補の中から所有者自身が選択できるような工夫が必要です。

■ 不動産仲介業者への協力要請

　空き家の所有者は、現にその建物を使用していないので、売却し、その購入者に適切な管理を委ねることも、空き家問題の有力な解決策です。しかし、現実には、空き家物件は、そのままでは売却に適さないほど傷んでいることが少なくありません。こうした実態を前提とすると、不動産売買に精通している人はなかなかいないため、事務手続きも煩瑣で手数料等の費用も高額になるのではないか、などとの思いがよぎり、結果として売却に消極的になりがちなことも推察できます。

　まして、敷地の接道が2メートル未満のため、現在の建物は建築基準法43条を満たさず、既存不適格、すなわち建物を除却し更地にしても、そこに「新築」の建物を建築できない場合はなおさらです。そうした土地は、一般には新たに住宅を建てようと考える人には売却ができないため、安価に買い叩かれ、現にある空き家の除却費用にもならないのでは、と思われることもあるでしょう。しかし、その土地は、同じ事情を抱える隣地と合わせたときに接道要件を満たすとすれば、その所有者にとっては実に魅力的です。ところが、仮にこうした事情が判明しても、自治体の担当職員が売却の仲介に当たるのは困難です。そこで、こういうときは不動産仲介業者への協力要請が有効です。

　実際に、接道問題のある土地に建つ空き家について、不動産仲介業者が隣接する土地の住民に買取交渉をして売買が成立した例もあります。また、空き家除却の費用を所有者が負担できずにいたところ、一時的に不動産仲介業者が費用を負担し、売却代金からそれを差し引く扱いとした例もあります。所有者が現地に出向かなくとも、不動産仲介業者が所有者を訪問し、必要な手続き等を済ませる場合もあります。

　このように、売買取引の可能性を見出すことができれば、一般に不動産業者は相当な便宜を図りますので、自治体の担当者には、信用のおける業者と日頃から良好な関係を構築しておくことが求められます。

　なお、一部の自治体では、老朽化で傷みが進みそのままでは買い手がつかない空き家に対して、売却可能な物件とするために修繕費用の

一部を助成している例があります。これについては、売却代金は助成を得た所有者の収入となるため、公費投入の是非が問われることになるでしょう。すでに公金支出の正当性のところで述べたように、私的利益供与と公共の福祉増進との比較衡量が不可欠です。

■ 空き家バンクの活用

　売却により空き家問題を解決する手法として近年注目を集め、全国各地の自治体で実施されている施策に「空き家バンク」があります。

　特措法上の特定空家等に認定される空き家は、老朽化が進んでいることが多く、そのままの状態では、まず売買の対象になりません。空き家バンクは、そうした特定空家等になる前、いわばその予備軍に対して行う「困った空き家」の予防策と見ることもできます。

　不動産の売買を行うためには、宅地建物取引業法の規定に基づき、資格を持った組織の有資格者が仲介を行う必要があります。自治体は、その規制対象から外されていますので、自ら仲介を手掛けようと思えばできないことはありません。ところが不動産は価格も高く、一般の人にとっては大きな買い物であるうえ、売買の経験が豊富な人は、まずほとんどいません。なまじ自治体職員が不用意に取引きを仲介すると、かえって問題を引き起こすおそれもあります。

　そこで、ここでも地元の不動産仲介業者等との連携が重要な意味を持ちます。実例を眺めると、こうした連携は、自治体と不動産事業者団体との「協定」の締結といった形で行われることが多いようです。しかし、この連携も、形だけで終わらせるのか、実際に自治体が運用にまで関わり、深い連携状態を作り出すかによって、実績は大きく左右されます。

　たとえば、空き家バンクのほとんどは、空き家情報を自治体のウェブサイトで公開しています。おそらく費用もあまりかからず、手軽にできるからでしょう。しかし、それだけではまったく足りません。ウェブサイト情報に関する照会に「具体的なことは不動産会社に任せてあるので、そちらに聞いてください」などとそっけない対応をすれば、

せっかく興味と関心を抱いた相手も不安と不信を募らせます。

　空き家を買う、ないし賃借するということは、生活の少なくとも一部をそこに移すということです。移り住んで暮らしていけるか否か、不安を抱くことは当然です。この不安感の存在を前提として、その解消に向けて細かなサポートを行うことが肝要です。具体的には、物件自体の情報以外に、近所の買い物先や医療機関、あるいは学校などといった暮らしのインフラ情報の提供や、地元のコミュニティに溶けこむ手助けをする組織や仕組みがあるかどうか、等々ということです。

　自治体職員が現地を案内するところもあります。そこまでする取組みには、一部に異論もあるようですが、実際のところ、買い手側には、その自治体の力の入れ具合が直に伝わり、安心感を与える効果が見込めます。一般に、行政の社会的な信用力は当該自治体の職員自身が自覚するより大きなものです。そのメリットと不動産業界の専門性を上手に組み合わせることが成功の秘訣です。

　さらに、移住を検討する人は何を求めて来ようとしているのか、それにふさわしいものを提供できるのかといった、ビジネスとして成功するだけのニーズ把握や市場調査を行い、そうした需要に適う物件情報を提供することも大切です。

　空き家バンクは、自治体職員がおよそ他の業務の片手間に行えるような事業ではありませんが、本腰を入れて真剣に取り組めば、「困った空き家」の予防を超えた大きな効果が期待できます。

■ 寄付を受け跡地を活用

　前述した諸策の他に、自治体が所有者から敷地ごと当該空き家の寄付を受け、新たな活用を図るという手法もあります。

　この方法では所有権が自治体に移るため、その後の活用について自治体が自由に設計することが可能です。また、買取費用も発生せず、その点では公費を私財に投入してよいのかという問題は発生しません。

　一方、所有者が本心から納得しないと「行政にとられた」などと後々遺恨を残すことにもなりかねません。また、空き家の発生する場所は、

必ずしも公共的ニーズがある場所とは限りませんし、その敷地面積も個人住宅ではまずさほど広くないことから、新たな活用策も自ずと限られます。さらに、自治体の財産となる以上、その管理責任も自治体に移ります。そこで除草などの管理を行うための維持管理費が発生することをあらかじめ考慮しておく必要もあります。

　これらの課題をふまえ、空き家周辺の自治会・町内会等が維持管理を行うことを条件として寄付を受け入れ、地元の人が憩うポケットパークなどとして整備される例があります。

　また、空き家の敷地については、寄付ではなく、無償で借り受けられている場合もあります。

　しかし、敷地が寄付であれ無償貸与であれ、そこに建つ空き家の除却には、自治体が全額を負担するか一部助成を行うことが通例であり、そこに公費が投入されます。そこで、当該用地の取得や空き家除却後の活用方法が、公共的な見地から十分説得力を有する必要があります。

3　文京区の取組み

　文京区は東京23区のほぼ中心、東京ドームを含む都心に位置し、面積は約11平方キロメートルで23特別区中20番目の広さ、人口は約21万人です。まさに東京のど真ん中で、特殊な地域ともいえますが「困った空き家」の問題は、ここにもあります。そして地域の特性を生かした独自の対策を工夫し実施しています。

■ 施策の経緯と視点

　文京区は、空き家対策として地域の防犯・防災に対する対策室を設置し、区内の警察や消防と連携をして、2年間をかけて全件調査を行ってきました。また、建築物を常時適法な状態に「維持」することを求める建築基準法8条の規定に基づき、近隣住民からの空き家に関する情報を蓄積してきました。

　これらに基づき、危険箇所については、警察によるパトロール強化、

火災の危険が予見される場合の消防による指導、所有者が判明した場合の区による適正な維持管理のお願いなど、それぞれの権限の範囲で対応することとしてきました。

しかしながら、全国的にも空き家の増加とその対応の必要性が指摘されるようになってきたことをふまえ、さらに1歩進めた対応について2013（平成25）年度に区役所内部で検討を開始しました。

そこでは、「都心に位置する文京区では、土地が持つ資産価値は高いことが想定される」「管理不全な空き家が除却されれば、不動産としての価値がより高まり、不動産物件として流通することも可能ではないか」、あるいは「不動産物件としての流通がなくとも、たとえば駐車場などとして活用が図られることにより、管理不全な状況が改善されるのではないか」などの意見があり、「いかにして管理不全な空き家を除却するか」という視点による検討が始められました。

■ 地域特性に理由を探る

まず、都心区であっても、空き家の除却が進まず、放置されている理由について、これまでの相談などをふまえ検討が行われました。そして、空き家としてリストアップされていた100軒程度の物件を改めて見ると、30坪程度の敷地に立つ木造住宅が多いことがわかりました。

また、文京区では、子育て世帯においては、子どもの義務教育期間が過ぎると、広い居住スペースを求め、比較的地価の安い近郊に転居する例が目立ちます。

そして、「一時的に親族と同居していた子育て世帯が独立して別の場所に居住し、親世代が居住しなくなったまま放置されている」「現在、居住する必要はないが、子ども世代への相続を想定し、建物もそのまま放置している」「相続の問題が親族間で調整できていない」などの状況が浮かび上がりました。すなわち、いずれも「都心区であり、土地の持つ資産価値が比較的高いために、将来を見据えてそのままにしている」という地域特性を反映した理由です。

これらに加え、空き家の除却に係る費用の問題や除却した後に固定

資産税の小規模住宅特例から外れることなど、他の自治体と共通する要因も挙げられました。

■ **理由に応じた誘導的施策開発**

次いで、明らかになった「困った空き家」の放置理由に対応する施策の検討を進めました。その結果、除却費用については、「文京区が200万円を上限として補助金を支給する」こととしました。建物を除却した後の土地に課される固定資産税については、「更地となった土地を、区が行政目的で使用する場合は、非課税とする」ことで税務当局と調整を行い、話をつけました。また、相続に関する問題については、一朝一夕に解決するものではないことから、当事者同士で時間をかけて調整してもらうために「法律相談などを実施する」こととしました。

私有財産への公的支援実施の問題については、公的な資金を投入するかわりに、「更地となった土地については、所有者から文京区が無償で原則10年間借り受け、行政目的で使用する」こととしました。この区が行政目的で使用する10年間は、相続などに関する調整期間にもなると考えられました。

■ **具体的手法と要点**

文京区が実施している空き家対策の具体的な手順は以下の通りです。

管理不全のため危険な状態になっている空き家等について、所有者等からの申請に基づき、空き家等の危険度を区が調査し、空き家等の除却後に、その跡地が行政目的に利用可能か否かを区が検討します。

↓

申請された空き家等が危険な状態となっており、跡地利用が可能であるとして、事業対象の認定を受けた場合、区と跡地利用契約を締結した後に所有者等が自ら除却を行います。

↓

区が200万円（消費税を含む）を上限に、除却に要した費用を補助

します。

↓

　除却後の跡地について、所有者から区が無償で原則10年間借り受け、行政目的で使用します。

　所有者が10年以内に土地の返還を求める場合は、補助金交付額の全額もしくは一部の返還を求めることにしました。すなわち、5年以内の場合は補助金交付額の全額、5年を超える場合は、「補助金交付額×（120－経過月数）÷60」で算出される金額です。
　また、区が危険度を調査した結果、継続して使用できると判断された空き家等については、所有者の意向を確認した上で、地域課題に取り組むNPO等へ当該家屋に関する情報を提供します。
　なお、申請された空き家等が管理不全かどうかを審査する機関としては、区役所職員に区内の警察および消防職員を加えた、老朽家屋審査会が設置され、跡地の活用方法を検討するための機関としては、区役所職員で構成される老朽家屋除却跡地利用検討会が設置されました。
　また、文京区はこの施策において、「空き家等」とは、「区内の建築物のうち、使用されていない状態にあるもの及びこれに附属する工作物」とし、「管理不全な状態」とは、「空き家等が次のいずれかに該当する状態」として下のように同区のウェブサイトで公表しています。

・老朽化、劣化又は台風、地震等の自然災害により、空き家等の崩壊、崩落若しくは建築材の飛散又は空き家等の敷地内に存する樹木の倒伏等が発生し、人の生命、身体又は財産に危険が生じるおそれのある状態
・不特定の者が容易に侵入することができ、犯罪又は火災を誘発するおそれのある状態
・動植物、害虫等が繁殖し、周囲の生活環境に害を及ぼすおそれのある状態
・空き家等の老朽化、劣化等により、地域の良好な景観に悪影響を及ぼしている状態

不在者財産管理人制度

　推定相続人がいないと考えられる空き家の所有者について、その死亡が確認できないために相続財産管理人の選任を申し立てられない場合、あるいは共同相続人や共有者に生死ないし所在の不明者がいるために、遺産分割協議や共有者間での同意を成立させることができず、空き家の処分が暗礁に乗り上げている場合に、不在者財産管理人を選任し、状況を打開する仕組みがあります。

不在者財産管理人の選任要件と手続きおよび管理人の権限

　不在者財産管理人の選任要件は、①不在者が財産を管理できず、他に財産を管理する者がいないこと②利害関係人又は検察官からの申立てがあること③管理の実益がある財産が存在すること、の3点で（民法25条1項）、その具体的な選任までの手続きは、概ね相続財産管理人と同様です。
　不在者財産管理人は、不在者の財産に関し、①保存行為、②物又は権利の性質を変えない範囲内において、その利用又は改良を目的とする行為をすることができます（民法103条、28条）。ただし、家庭裁判所の許可を得た場合には、これらの権限を超える不動産の売却、相続の放棄、遺産分割協議の成立等の行為をすることができます（同法28条）。
　なお、財産の管理は、基本的に、後日現れた不在者本人か、不在者の死亡が確認（又は擬制）された上で相続人に引き継がれるまで続きます。

制度適用上の留意点

　この制度は、「困った空き家」およびその敷地を市区町村が買い取って活用する事業を行っている場合に、そのメリットが最大限発揮されます。市区町村自身が空き家およびその敷地の買受人になりますので、自らが利害関係人として不在者財産管理人の選任の申立てをすることも可能ですし、共同相続人や共有者に申立てを働きかけることもできます。

　また、「全ての権利者の同意」を要件とする除却費用補助金の申請に向けてもこの制度の利用を促すことが考えられるかもしれません。

　しかし、不在者財産管理人の選任手続きは煩雑ですし、相当額の予納金も必要です。さらに家庭裁判所による権限外行為の許可には、通常かなりの日数を要します。

　一般には、そうした時間的・金銭的コストも勘案し、まずは公示送達制度や特別代理人制度を利用した裁判や、公売等といった他の制度で対処することを優先させるべきです。なお民法上は、要件を満たせば、利害関係人から失踪宣告（民法30条）の請求をすることも考えられますが、それには対象者の親族の感情に十分慎重な配慮が欠かせません。

具体的な参考事例

　実際に活用された例としては、所有者の行方が不明であり、失踪宣言を請求するまでの時間が経過していない場合や、空き家の中で遺体が発見されたものの、所有者と断定できない場合などがあるようです。

　また、2016（平成28）年3月に国土交通省が発した「所有者の所在の把握が難しい土地に関する探索・利活用のためのガイドライン」には、不在者財産管理制度を使った具体的な解決事例もいくつか掲載されています。このガイドラインは、表題のとおり、土地を対象とするものですが、財産管理人制度を利用した解決事例のほか、所有者情報の調査方法など、「困った空き家」の解決策においても参考となる内容が含まれています。

第10章 所有者のない空き家

　空き家問題の対処を始めて調査が進むと、当該空き家にその所有者がいないことが推定される場合があります。もちろん、所有者が存在しないとはいえ、それを理由に対処を打ち切ることは許されません。それどころか、自治体が手をこまねいていては事態は悪化する一方ですから、むしろ積極的に対処を図らなければなりません。所有者の不存在を調査し確認する作業は、非常に労力を要しますが、後述する相続財産管理人制度を適用して対処を進めるためにも、着実に手順をふまなければいけません。

　本章では、その調査確認方法と相続財産管理人制度を活用した対処方法を取り上げ、続いて、所有者のいない空き家がアトリエとして再利用されることに結びついた山武市の実例を紹介します。

1　所有者不存在の調査確認作業

　空き家にその所有者がいない理由には、いずれも相続に関係する2つがあります。

　1つは、所有者が亡くなり、相続人が存在しない場合です。相続権がある人は、配偶者がいれば、常に第1順位となり、子どもは養子であっても第1順位、子どもがいなければ、父母が第2順位の相続人となります（父母が死んでいる場合は祖父母）。さらに、父母・祖父母ともいなければ、兄弟に第3順位の相続権があります。これらの人がすべて存在せず、代襲相続（【本文の1歩先⑩】「代襲相続制度」参照）もなければ、相続人がいないということになります。

　もう1つは、相続人がいても、その全員が相続を放棄している場

合です。この場合は、本当に全員が相続放棄をしているかどうか、確認をする必要があります。相続権のある人が「放棄した」と語っていても、正式な手続きがとられずに相続放棄が成立していない場合もあるからです。

相続放棄は、相続が発生したことを知った日から3か月以内に、被相続人(空き家の所有者)の住所地を管轄している家庭裁判所(以下、「家裁」と略記します)に、「相続放棄の申述書」を提出し、裁判所がこれを認めることで成立します。

相続放棄が認められたときに裁判所から送られてくる「相続放棄申述受理通知書」を相続人の全員に会って確認できればよいのですが、この通知書が失われていたり、相続人の居所が遠方であったりして確認ができないこともあります。

その場合は、相続放棄の申述がなされた家裁に対して照会を行います。照会書の様式は、インターネット上で、「相続放棄・限定承認の申述の有無」等のキーワードで検索し、裁判所のウェブサイトからダウンロードすることができます。なお、様式の詳細は、裁判所ごとに多少違いがありますので、注意が必要です。

この照会は、一般に相続人に対して何らかの利害関係を有する人ないし法人しか行うことができません。しかし、この場合に自治体は、特措法10条3項を根拠に「公用請求」を行い無料で「相続放棄申述受理証明書」を得ることができます。また、被相続人の死亡を確認できる住民票の除票や相続人を確定する資料を添付書類としてあらかじめ用意する必要がありますが、それらもすべて公用請求、すなわち無料で取得できます。なお、時間はかかりますが、家裁へは郵便で請求し送付を求めることもできます。

これら2つのいずれにおいても、次の相続財産管理人制度に進むには、民法上相続人となり得る人の全員について、戸籍をはじめとする必要証拠書類をすべて揃える必要があります。

○相続権の順位

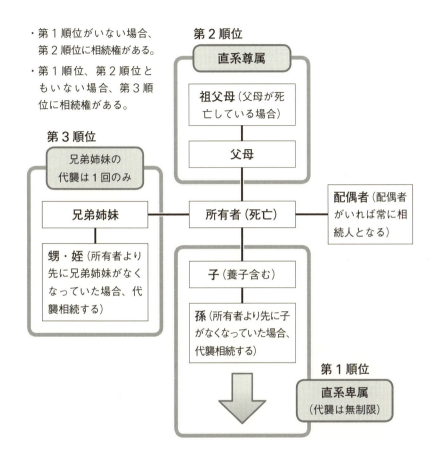

2　相続財産管理人制度

　民法952条は、相続人のいない財産について「家庭裁判所は、利害関係人又は検察官の請求によって、相続財産の管理人を選任しなければならない」と規定しています。

　所有者がいない空き家は、最終的にはこの相続財産管理人によって売却され、負債が残っていればその弁済に充てられ、なお残余があれ

ばそれは国庫に納付されます。

なお、この制度は、当該空き家が特措法上の特定空家等に該当するか否かにかかわらず、適用することができます。

■ 相続財産管理人選任の手続き

相続財産管理人は、家裁の審判で選任されます（家事事件手続法39条）。家裁にこの選任を請求できるのは、前述した民法の規定により利害関係人と検察官だけです。

この利害関係人とは、たとえば相続財産を担保に融資をしている金融機関など、被相続人に対して何らかの債権を有する者です。自治体の場合は、被相続人に税などの滞納があれば、同様に利害関係人になることができます。また、被相続人が生活保護の対象者であった場合など、自治体が何らかの業務上の関係を持っていた場合も、利害関係人と認められる例があります。

空き家の場合は、所有者が遺した財産について、特措法によって業務上の関係が生じているので、利害関係人となることができると考えられます。

一方の検察官については、相続財産管理人の選任を請求する権限はあるものの、一般に、その理由となる事実が発生したことは知り得ません。そのため、空き家については、自治体から検察官に、その事実を知らせることが必要です。

これは、非訟事件手続法41条の「裁判所その他の官庁、検察官又は吏員は、その職務上検察官の申立てにより非訟事件の裁判をすべき場合が生じたことを知ったときは、管轄裁判所に対応する検察庁の検察官にその旨を通知しなければならない」という規定によることになります。

すなわち、所有者が存在しない空き家については、自治体が自ら家裁に相続財産管理人の選任を請求することも、検察官に通知をすることによって間接的に選任を依頼することもできます。

ただし、この請求を行う申立者は、家裁に予納金を納めなければな

りません。

　つまり、自治体が申立者となる場合は、自治体が予納金を負担しますが、検察官が申立者になる場合は、検察が負担することになります。

　空き家の売却に至るまでの期間は、実際には相当長期に及び、相続財産管理人には、多くの場合に地元の弁護士や行政書士等が選任されます。予納金は、相続財産管理人の報酬に充てられますが、その金額は数十万円から百万円を超えるものまで種々の例があり、地域による差も大きいようです。自治体が自ら相続財産管理人の選任を請求する場合は、あらかじめこの予納金の予算確保も必要ですが、その必要額の概算に当たっては、管轄の家裁に相談することがよいと思われます。

　なお、空き家を売却処分した後、相続財産管理人に対する報酬までもがそこから捻出できれば予納金は返還されます。しかし、多くの空き家の実態を見ると、それはほとんど期待できません。

■ 相続財産管理人選任の請求に必要な書類

　自治体が自ら相続財産管理人の選任を請求する際には、概ね次の書類が必要です。
　① 家事審判申立書
　② 相続人がいない、または全員死亡していることを証する資料
　③ 被相続人の住民票除票または戸籍附票
　④ 財産目録
　⑤ 財産目録に記載した被相続人の財産に関する資料
　⑥ 申立人の利害関係を証する資料

　なお、相続財産管理人の候補者もあわせて申立てする場合など、この他にも必要書類が求められることもあります。あらかじめ管轄の家裁に問い合わせるとよいでしょう。

　順に必要書類を見ておきましょう。
　① 家事審判申立書
　家裁に様式があります。またインターネットでも「相続財産管理人の選任の申立書」などのキーワード検索でダウンロードできます。

○相続財産管理人による空き家の処分手順

```
┌─────────────────────────────┐
│  相続財産管理人選任の公告（家裁）  │
└─────────────────────────────┘
            │    1回目の相続人確認
            ▼    相続人が現れないことを確認（2か月）
┌─────────────────────────────┐
│  債権者等に対する債権申出の公告（家裁）  │
└─────────────────────────────┘
            │    2回目の相続人確認
            ▼    相続人・受遺者がいるかどうか確認（2か月）
┌─────────────────────────────────────┐
│  相続人探索の公告（相続権主張の催告）（家裁）  │
└─────────────────────────────────────┘
            │    3回目の相続人確認
            │    相続人が現れないことを確認（6か月）
            │    ※ただし、上記の債権者に精算を行って、
            ▼      財産が残らない場合は実施しない
┌─────────────────────────────┐
│  上記の手続き中に相続人が現れなければ、  │
│  相続人がいないことが確定            │
└─────────────────────────────┘
            │
            ▼
┌─────────────────────────────────────┐
│  相続財産管理人は、権限外行為許可の申立て    │
│  を家裁に行い※、許可審判を得て、財産等を売却  │
│  （空き家としては、この段階で解決）         │
└─────────────────────────────────────┘
            │        ※相続財産管理人は、財産の修理等の保存
            │          行為は、独自に行ってよいが、売却は家
            ▼          裁の許可がないとできないため
┌─────────────────────────────┐
│  債権者等への精算、報酬の差引後、      │
│  残額があれば国庫に引継ぎ            │
└─────────────────────────────┘
            │
            ▼
┌─────────────────────────────┐
│  家裁に相続財産管理人選任処分取消しの   │
│  申立て、取消審判を受け、職務終了      │
└─────────────────────────────┘
```

②　相続人がいない、または全員死亡していることを証する資料

　相続人がいないことを確認するためには、次に記す書類のそれぞれが必要です。また、相続人が、全員相続放棄をしている場合は、前述した「相続放棄申述受理証明書」など、全員の相続放棄を確認できる書類が必要です。

- 被相続人の出生から死亡までのすべての戸籍（除籍、改製原戸籍）謄本
- 被相続人の父母の出生時から死亡までのすべての戸籍（除籍、改製原戸籍）謄本
- 被相続人の直系卑属で相続権がある者（子およびその代襲者）に死亡者がいる場合、その出生時から死亡時までのすべての戸籍（除籍、改製原戸籍）謄本
- 被相続人の直系尊属の死亡の記載のある戸籍（除籍、改製原戸籍）謄本
- 被相続人の兄弟姉妹で相続権がある者（またはその代襲者）に死亡者がいる場合、その出生時から死亡時までのすべての戸籍（除籍、改製原戸籍）謄本

③　被相続人の住民票除票または戸籍附票

　これにより当該空き家の所有者がすでに死亡していることが確認されます。

④　財産目録

　不動産、動産の一覧表です。最終的に、この財産を処分して金銭に替え、負債や相続財産管理人の報酬を支払うため、なるべく詳しく記載されることが望ましいのですが、空き家の場合には、建物内に立ち入らないと動産を把握できないため、不動産情報のみの記載であってもやむを得ません。

⑤　財産目録に記載した被相続人の財産に関する資料

　不動産については、不動産登記事項証明書または登記簿謄本、建物などが未登記の場合は、固定資産評価証明書です。

　動産を調査できた場合は、たとえば、預貯金および有価証券等につ

いては、通帳の写し、残高証明書等、金券については、そのコピーで構いません。

⑥　申立人の利害関係を証する資料

特措法に基づき自治体自らが申立てする場合は、その旨を記載した説明文書で足ります。税等の滞納がある場合は、その記録も必要です。

なお、自治体が検察官に通知をすることによって間接的に選任を依頼する場合には、この他に、送付の鑑文や通知に至った経緯を記す文書が必要です。検察官は、自治体から提出されたこれらの書類を、申立ての書類として家裁に提出しますので、⑥を除いて、自ら申立てする場合と同じ資料が必要です。

なお、検察に対して、相続財産管理人の選任の申立てを通知しても、受けてもらえない場合もあります。それは、家のローンが残っている場合など、空き家の利害関係人がいる場合です。民法の規定では、利害関係人と検察官は同列に規定されていますが、実際は利害関係人がおらず、申し立てる人がいない場合に検察が申し立てをするという運用のようです。

ただし、この点は、各地方検察庁によって違いがあるかもしれません。そこで、実際に通知をする場合は、その前に管轄の検察庁に確認しておくとよいでしょう。

■ 新所有者確定までの空き家管理

相続財産管理人が選任され、土地、建物が売却されれば、空き家問題としては解決です。しかし、一般にこの売却までは相当時間がかかります。そこで、その間にも周囲への危険や迷惑を防止するために、最低限の措置が必要になることもあります。その場合、相続財産管理人は、空き家に対して、壊れた箇所の修復などの保存行為を行うことができますので、応急措置等の依頼をします。

そうした状況もあり得るため、申立ての際には、自治体の事情や空き家問題に精通した弁護士等を相続財産管理人の候補者として挙げるとよいと思われます。

○相続財産管理人の選任申立ての依頼通知例

平成○年 ○月 ○日

○○地方検察庁　検察官　殿

××市長　△　△　△　△　公印

非訟事件手続法第41条に基づく通知について

　本市において、次の者が死亡しましたが、その法定代理人のあることが明らかでありませんので、相続財産管理人の選任申立てをされたく、非訟事件手続法第41条の規定に基づき関係書類を添えて通知します。

1　死亡者
（1）氏　　　名　　　空家　空男
（2）生年月日　　　昭和　○年　○月　○日
（3）本　　　籍　　　○県　○○市○×丁目×番
（4）戸籍筆頭者　　空家　空男
（5）住　　　所　　　○県　○○市○×丁目×番×号
（6）死亡日時　　　平成×年×月×日（推定）
（7）死亡場所　　　○県　○○市○×丁目×番×号

2　相続財産
　　別紙「相続財産目録」記載のとおり

3　添付書類等
（1）相続財産目録　　　　　　　　○通
（2）登記簿謄本（土地・建物）　　○通
（3）相続関係説明図　　　　　　　○通
（4）戸籍（除籍）謄本　　　　　　○通
（5）相続放棄等に関する回答書　　○通
（6）抵当権抹消に関する書類　　　○通
（7）検察官に通知するに至った経過　○通

3　山武市における取組み

　山武市は、2006（平成 18）年 3 月に山武町、成東町、松尾町、および蓮沼村の 3 市 1 村が合併して誕生しました。千葉県の東部、九十九里浜のほぼ中央に約 8 キロメートルの海岸線を有する人口約 5 万 6000 人、総面積約 147 平方キロメートルの自治体です。

　「山武市清潔で美しいまちづくりの推進に関する条例」では、空き地・空き家が管理不良状態の場合に、指導、勧告、措置命令ができる規定があります。措置命令に従わない場合には、罰則規定もありますが、実際には、命令以上のことは実施せず、所有者に対して、粘り強い指導や勧告を何回も繰り返すことによって、理解を求めてきました。

　近年の山武市では、地価がかなり下落したことで資産としての魅力を失い、相続が放棄され、あるいは所有者がはっきりしない土地や空き家が増えています。

　相続が放棄されても、民法には最後に相続放棄をした人が管理を継続しなければならないという規定があります（940 条 1 項）。しかし、相続財産を管理したくない、あるいは関わりたくないということで相続放棄をした人たちは、この民法の規定を無視するような態度で行政指導に一切応じないため、市は困っていました。

　そうした状況において、ここで紹介する事例は、所有者が 2011（平成 23）年 7 月に死亡した空き家です。相続人はいましたが、その全員が正式な手続きによって相続放棄していました。

■ 環境保全課による取組みの開始

　この空き家の存在を市が把握したのは、2012（平成 24）年 4 月に、住民から空き家のトタン塀が道路に散乱しているという苦情を受けたことがきっかけでした。約 250 坪の土地と建物で、建物は木造平屋建てですが、瓦葺の立派なものです。

　市が空き家の所有者を調査したところ、相続人がいないらしいということが判明しました。相続人がいなければ、市としても対応のしよ

うがないということで、しばらくは、そのまま放置していました。しかし、その年の11月に、この家を欲しいという近所の人が現れました。

その人は、市議会議員に「家庭裁判所まで行って調査したら、相続人がいないとのことだった。誰から買えばよいのだろうか」と相談し、そして、議員を通じて市へ相談が来ました。山武市の環境保全課は、本来であれば、業務として空き家を扱うことはありませんが、空き家がそのまま放置され、廃屋になれば、結局は対応しなければならなくなるため、この件については対応することになりました。あるいはこの辺りの事情は、他の自治体でも類似の状況があるかもしれません。

そこで、相続財産管理人の選任による対応を検討し、千葉地方検察庁八日市場支部の検察官に、申立ての可能性について相談しました。

■ 検察官への相談

検察官からは、やはり最初に「利害関係人はいないのか」ということを聞かれました。つまり、利害関係人がいれば、そちらから申立てを行ってもらうべきだということです。

また、空き家に関して、市で行った調査の結果、土地は4筆あり、そのうちの1筆に明治時代の抵当権が設定されていたため、「抵当権者が申立てできるのではないか」という話もありました。

それらに対して、現在では利害関係人がいないこと等をよく説明したところ、「それなら、とくに問題はないのではないか」ということになり、ようやく利害関係人がいない、という判断がなされました。

その次に、相続財産管理人の報酬を決める材料となる不動産の鑑定等に費用がかかることや、予納金を国庫から支出するため予算の確保が必要となり、すぐには対応できないという話がありました。

また、死亡した所有者に関する財産の関係では、現金や預貯金はないかということを聞かれたものの、当時、環境部局では金融機関に対して、預貯金の照会をする権限はありませんでした。たまたま、この所有者は、生前、病気になったものの入院する費用がなく、生活保護を受給していたことから、現金等はないか、あってもそれほど高額で

はないという説明を行い、「それなら、それもやむを得ない」ということになりました。

検察とのやり取りは非常に厳しいものでした。それでも最後は、「検察から申立てが可能かどうか調査する」ということになりました。

■ 関係書類の収集

それから2か月後、2013（平成25）年2月になり、ようやく検察官から「申立てをするので、関係書類を市の方で揃えてください」という連絡があり、3月から戸籍関係の書類の収集を始めました。

「山武市清潔で美しいまちづくりの推進に関する条例」に基づき、関係自治体から、戸籍関係の書類を収集しました。山武市では、空き地の関係も同条例に基づいて住所照会や戸籍照会を行っています。関東一円の自治体は、概ね条例を根拠として公用請求することについて、了解をしてくれました。

しかし、九州のある市に戸籍を求めたところ、根拠が条例だけでは戸籍謄本は出せない、という回答がありました。そこで、事情を説明し調整を行った結果、ようやく戸籍謄本を取得することができました。

その際「非訟事件手続法41条に基づく」という根拠を加えれば、より容易に取得できた可能性もあっただろう、とその後に気づきました。

こうして、ようやく必要戸籍等のすべてを揃え、正式に提出する前の4月30日に、集めた資料を検察官のところへ持参して内容確認を行いました。すると、5月になって、検察管から「明治時代の抵当権者の相続関係について調べてほしい」という、追加資料の要請がありました。そこで、さらにその戸籍謄本を追加資料として収集しました。このときは、根拠法令に非訟事件手続法41条と市の条例を併記して申請し、謄本を揃えました。

■ 検察官による申立てを経て相続財産管理人により売却

2013（平成25）年7月3日、市長から正式に八日市場支部の検察官に対し、死亡した者の遺留物件について民法第952条に基づく相

続財産管理人選任の手続きをとるよう、非訟事件手続法第41条に基づく通知を行いました。

　そして、検察官の申立てを経て9月4日に千葉家裁八日市場支部が相続財産管理人を選任し、その審判の写しが検察官から送られてきました。そして、最終的には売買が行われ、土地と建物は新たな所有者の手に渡り、空き家問題としては解決しました。

　相続財産管理人制度は、相続財産管理人が選任されてから、売却等の処分が行われるまでにも長い期間が必要ですが、この事例では、検察官への相談から、選任までも約9か月という期間がかかっており、事前の準備や検察官との調整にもかなりの時間を要しました。

　相続財産管理人制度は、検察が扱う数少ない民事の案件であるため、検察官自身が不慣れなことなども影響していたかもしれません。

　なお、相続財産を管理していく過程では、相続財産管理人は、家の修繕のような保全行為は独自の判断で行うことができます。しかし、売却のような行為は、家裁に権限外行為許可の審判を依頼し、それが下りてからでないとできません。しかし、相続財産管理人の業務の最終的な目的は、財産を処分して金銭に変え、負債等を清算した後に、残余があれば国庫に納付することです。

　したがって、空き家や土地の売却が行えるかどうかは、大変重要です。立地等の条件が悪い物件では、なかなか買い手が現れない可能性もあります。しかし、この事例では、はじめから買い手があることが前提でしたから、その面では比較的困難ではなかったといえるでしょう。

　その後この空き家であった建物は、購入者によりアトリエとして活用されています。

 本文の1歩先 ⑩

代襲相続制度

　相続権について、民法には代襲相続という制度があります。これは、たとえば相続人が被相続人よりも先に死亡した場合などの相続権に関する制度です。

相続人が被相続人より先に死亡した場合の相続権

　相続権は、相続人が被相続人よりも先に死亡した場合には、その子どもに引き継がれます。これを代襲相続と呼びます。そこで、相続人の調査では、所有者（被相続人）の子どもがすでに死亡している場合、その死亡時点が所有者より先であれば、その子ども、つまり所有者から見て孫が存在するかどうかを確認する必要もあります。

　また、相続人が所有者の兄弟姉妹の場合で、その兄弟等が所有者より先に死亡した場合にも代襲相続が発生します。この場合は、所有者から見て、甥や姪に相続権があることになります。戸籍の確認を行う際は、その点にも留意して相続権がある人すべてについて確認をする必要があります。

　なお、所有者から見て孫も死亡している場合は、再代襲、すなわち、ひ孫に相続権が発生します。この再代襲は、直系卑属に対して制限はなく何代後までも及びますが、傍系卑属（兄弟等の子ども）については認められません。

1980（昭和55）年の民法改正前に要注意

　かつては、傍系卑属にも再代襲が無制限に認められていました。そこで、相続人の数が膨大になる場合もありました。しかし、1980（昭和55）年

の民法改正により、被相続人と関係の薄い者にまでは相続を認めない現行制度になりました。

　代襲が発生し、子どもが複数いる場合には、その全員に相続権が発生し、相続する財産は均等割になります。そこで、空き家対策で代襲が発生していると、確認しなければならない相続人の数が、相当増えることになります。この民法改正により、その本来目的とは別ですが、空き家対策の実務が軽減されることにもつながりました。

　ただし、この法律改正以前に発生した相続については、兄弟等の子どもに対する再代襲も制限なく何代後までも認められますので、所有者がこの改正以前に亡くなっている空き家の場合は注意が必要です。

そのほかの代襲原因

　代襲相続が発生する原因には、前述した相続人が被相続人より先に死亡した場合のほかに、推定相続人が相続欠格や相続排除により相続権を失った場合があります。

　相続欠格とは、推定相続人が先順位もしくは同順位の相続人を殺害して刑に処せられた場合など、その相続を認めることが正義に反すると認められるときに、当然に相続資格が剥奪されることです。また、相続排除とは、相続欠格に当たるほどの事由ではないものの、被相続人が相続を認めたくないほどの非行があった推定相続人に対して、被相続人が家庭裁判所に請求し、その審判または調停によって相続権を奪うことです。

　相続欠格ないし相続排除により相続権を失った後にその者の子どもが生まれた場合、かつてはその子どもには代襲相続が認められていませんでしたが、1962（昭和37）年の民法改正により、そうした除外はなくなりました。

　なお、相続放棄は代襲相続が発生する原因にはなりません。

第11章 空き家問題を想定した備え

　特措法6条には、空家等対策計画（以下、「対策計画」と記します）について、いわゆる「できる規定」があります。策定するかどうかは自治体の選択に任されていますので、策定しないという選択もあり得ます。

　しかし、この対策計画を策定しないと受けられない国の財政支援があります。また、計画という形式にするか否かにかかわらず、空き家問題に取り組むからには、実務的に決めておくことを要する事項も多くあります。そこで、この対策計画を積極的に活用して、自治体の空き家問題に対する方針や一連の手続きなどを公開することが考えられます。

　また、対策の実施に当たっては、対象を把握するためのデータベースを整備することも有効でしょう。しかし、空き家自体の性質から、これは完璧を求めようとすると、かえって対策実施の効率を損ねることにもなりかねません。

　さらに、空き家に起因するさまざまな問題へ対応は、特措法を所管する1つの部署だけで行っていては、その効果も限られます。特措法を使いこなして、適切な空き家対応を行うためには、自治体内外での体制づくりも大変重要です。

　本章では、こうした空き家問題を想定した備えを取り上げます。

1　「空家等対策計画」の策定

　特措法6条1項には、「定めることができる」という書きぶりで対策計画が示されていますが、続く2項は、その対策計画に次の9項

目を「定めるものとする」としています。

一　空家等に関する対策の対象とする地区及び対象とする空家等の種類その他の空家等に関する対策に関する基本的な方針
二　計画期間
三　空家等の調査に関する事項
四　所有者等による空家等の適切な管理の促進に関する事項
五　空家等及び除却した空家等に係る跡地(以下「空家等の跡地」という。)の活用の促進に関する事項
六　特定空家等に対する措置(第14条第1項の規定による助言若しくは指導、同条第2項の規定による勧告、同条第3項の規定による命令又は同条第9項若しくは第10項の規定による代執行をいう。以下同じ。)その他の特定空家等への対処に関する事項
七　住民等からの空家等に関する相談への対応に関する事項
八　空家等に関する対策の実施体制に関する事項
九　その他空家等に関する対策の実施に関し必要な事項

　これらについては、基本的な指針に、各項目に記載するべき内容について、例示があります(基本的な指針15頁)。対策計画を策定するとしても、特措法に規定された事柄以外の記述が禁じられているわけではなく、各自治体それぞれに必要なことや役に立つことを記載する基本的な姿勢が大切です。
　とはいえ、ここでは各項目に即して計画の内容を考えてみましょう。

■ 計画内容の検討

[1] 空家等に関する対策に関する基本的な方針

　基本的な指針では、自治体内の空き家の実態や取組方針、また重点的に取り組む地区や建物の種類等を記載すると説明されています。
　自治体内の空き家の分布の実態等を書き込むことができれば、それに越したことはないのですが、実際には、そのような調査を行うこと

はかなり困難でしょう。

　むしろ重要なことは、自治体として、空き家問題にどう取り組むのかを示すことです。たとえば、空き家を積極的に除却するのか、利活用に重点を置くのか、できるだけ行政のみの手で解決するのか、民間団体や住民との協力体制をとるのか、他の自治体と協力するのか、などです。

　こうした大局的な方針を示すことで、具体的な措置をどのように行うかの考え方が決まります。自治体の職員は、その考え方に沿って対応を進めますし、住民は「私たちのまちは、こういう考え方だ」ということがわかります。

　対策計画を策定するかどうかは自治体の自由ですが、特措法6条3項では、策定した場合に公表を義務づけています。この対策計画に盛り込まれた内容をなるべく多くの住民の目に触れる方法で公表し、周知することにも大きな意味があります。

[2] 計画期間

　対策計画も、自治体が実施する計画である以上、行うことを一定の期間で区切るという意味で、期間を設定することとされたのでしょうか。

　基本的な指針では、この期間は市町村によって異なるとしていますので、こうしなければならないという基準はありません。「[1] 空家等に関する対策に関する基本的な方針」では、対応する地区を選定して、順次拡大していくなどの方針を示してもよいとしていますので、こうした対応を取る際には、どのくらいの期間でどのくらいのエリアを対象にしていくかといった意味で、期間を考えることがあるかもしれません。

　また、総務省が実施する「住宅・土地統計調査」が5年ごとに実施されるため、その結果を見て対応を変化させるということから、5年の期間を設定するという考え方も示されています。

　しかしながら、空き家の総量や発生状況、発生場所などは行政がコ

ンロトールできるものではありません。その意味においては、空き家対策は計画には馴染みにくい性格のものです。

　また、空き家対策推進議員連盟において、当初特措法の原案（空家対策の推進に関する特別措置法案骨子（試案）平成25年9月6日）が構想された時点でも、対策計画の策定項目に計画期間は含まれていませんでした。

　これらを勘案すると、この「期間」については、他の行政計画とは少し異なり、ある程度の施策を行ったら効果を振り返る、といった程度の意味で「期間」という言葉が遣われたと考えた方がよさそうです。最後の「[9] その他」に関する事項で、対策計画の見直しについて触れられていますので、その意味でも、決められた期間内に、決められた量の事業を行うという性格のものではないと考えられます。

[3] 空家等の調査

　ここでいう調査には、2つの意味が含まれています。1つは、個別の空き家の所有者や空き家の状態の調査を行うことです。そして、もう1つは特措法11条に規定されているデータベースの整備など、空き家の総数や分布状況などを把握する目的で、自治体内においてある程度の規模で行う調査です（自民党・特措法解説98頁）。

　基本的な指針の記載では、空き家調査を行う期間や、区域、調査主体など、後者を想定しているようです。とはいえ、前者について記載するならば、所有者調査について、立入りを行う段階までに最低限行う調査と、それ以上の詳しい調査の区切りに関する考え方や、行政機関が保有する情報だけではなく、民間企業に対しても調査を行うといった、自治体が個別の空き家に対して行う調査に関する考え方を示すこともできます。立入り前段階の簡易な所有者調査をどこまで行うかは、立入調査前の通知を行うかどうかの判断にも関係します。

[4] 所有者等による空家等の適切な管理の促進

　所有者の管理責任については、特措法以前に自治体が自主的に制定

した空き家対策条例のほぼすべてに規定されていました。そして特措法3条にも同様の規定があります。空き家は私有財産であり、本来は所有者が適切に管理するべきであり、行政の介入は、やむを得ずそうするという意味で、必要最小限のことを行う、ということを示す規定です。

　ここでは所有者の管理責任を確認するという意味のほかに、それを促進することを謳っています。つまり、所有者が自ら適切な管理ができない場合にそれを支援する施策という意味で、空き家相談窓口や空き家バンクの設置などが想定されています（自民党・特措法解説82頁）。

　ただし、これらは次の「[5] 空家等の活用の促進」や最後の「[9] その他」と重複する部分もありますので、それぞれの項目で内容を書き分ける等の工夫が必要です。

[5] 空家等の活用の促進

　特措法12条には、所有者への援助が規定されていますが、努力義務であり具体的内容は規定されていません。

　空き家対策を行っても、たとえば除却した後に残る空き地は、そのまま放置しておけば雑草が茂り、今度は管理されない空き地として、近隣に迷惑をかけることになります。空き家やその跡地を何らかの形で利活用することも必要です。その利活用については公共的な利用だけではなく、民間の流通ルートに乗せて新しい所有者の手により管理するということでも、空き家問題対策の目的は達せられることになります。

　この項目では、こうした観点から、自治体が行う施策について記載することになりますが、具体的には、前述した補助制度や空き家バンク、不動産業界との協力による流通促進策などが記載されます。

[6] 特定空家等に対する措置

　この項目は、特措法の中心的内容について自治体の対応を記載し、

その自治体における特措法の運用についての考え方を示すものです。つまり、自治体における特措法の施行方法を住民に対して示すと同時に、自治体内部にとっては、執行の基準を示すものです。

　特措法案骨子の段階では、この項目は単に「特定空家等への対処に関する事項」とだけ規定されていましたが、特措法に基づく措置をいかに行うかを明示するという観点から、括弧書きの内容が追加され、執行の具体策を記述することになりました。したがって、対策計画の中では非常に重要かつ具体的なものとなります。

　この項目で重要なことは、その自治体における特定空家等の判定基準や考え方を示すことです。空き家が及ぼす危険や迷惑は、自治体の置かれている自然環境やまちの特徴、住民の特性などによって、同じ状態の空き家でも判断が分かれることがあり得ます。

　たとえば、積雪の少ない地方では、すぐには問題のない状態の建物でも、豪雪地帯で雪の重みが加わると倒壊の恐れがあるかもしれません。また、同じような樹木の繁茂状態でも、不安と感じる住民がどのくらいいるかは、やはり自治体によって異なります。

　そのため、どのような状態なら対象となるのか、住民に対してその自治体における特定空家等の基準を明示することが必要です。

　また、実際に執行の段階になったときに、助言・指導から勧告に移行する際の考え方、勧告や命令で所有者に与える措置の猶予期間の考え方などを示すことも重要です。さらに、こうした判断について、執行過程の公平性や透明性がどのように確保されているのかといったこともこの項目で示すことが求められると考えられます。

［7］住民等からの空家等に関する相談への対応

　この項目は、「［2］計画期間」と同様に、当初の特措法案骨子には含まれていませんでした。それは、いかに行政が乗り出して解決するか、という点に重点が置かれていたためと思われます。

　しかし、空き家が放置されている事情がさまざまで、所有者自身もどうしたらよいかわからない場合もあります。そのため、強制的措置

ばかりが解決への道ではなく、所有者に対して支援することで、本来望ましい自主的な解決が導かれることも考えられます。

　また、この項目における相談の対象者としては、「困った空き家」の被害を受けている住民も想定されています。近隣の空き家に困っている住民が、行政のどこに相談すればよいのか、わからないといったことや、窓口をたらい回しになるなどして適切な所管課になかなかたどり着けない事態を防ぐためと考えられます。そこで、この項目では、自治体内のどこに相談すればよいのか、どのようなことが相談できるのか、などを示すことになります。

[8] 空家対策の実施体制

　この項目は「[6] 特定空家等に対する措置」と同様に、空き家対策の具体的実施に直接関係があります。

　空き家に起因する問題は、通例、行政内部の複数の部署に関係があります。また、そうした部署には、特措法の施行以前から、空き家に関する相談等が持ち込まれていました。

　そうした状況は、特措法が施行されても大きくは変わらないでしょう。また、これらの部署には過去の経験の蓄積があります。いずれの部署が特措法の所管になるとしても、空き家問題は、その部署だけの従来の知識、経験の範囲だけには収まりません。そこで、こうした関係部署が空き家対応の所管課と連携して、空き家問題に取り組むことが、空き家問題の円滑な解決につながります。

　こうした空き家対策に取り組む自治体内部の体制を対外的に周知することが、この項目の目的です。

　また、特措法7条に規定されている協議会を組織する場合に、空き家問題の解決に取り組むそうした組織や構成員などを住民に示す意味もあります。

[9] その他

　その他の事項は、これまでの項目に記載しなかった事項で、空き家

対策に資するものを記す、とされています。しかし、空き家バンクや解体費用助成等の独自の支援策は、[4] や [5] の項目で、すでに記載されていることでしょう。

基本的な指針には、対策計画を見直す旨の方針等や、市町村独自の支援策などを記すこととされていますので、ここには計画期間の見直しや「困った空き家」発生の予防策などを記載することになります。

なお、特措法6条4項では、計画の策定に関して、市町村は都道府県知事に対して、助言や援助を求めることができるとされています。実際、特措法の制定過程では、小規模な自治体では、案件が少なくノウハウが蓄積しにくいことから、都道府県において代執行等の判断を行う第三者機関設置を設置してほしい等の要望がありました。

2　空き家調査とデータベース

特措法11条には、空き家に関するデータベースの整備に関する規定があります。

同法9条の規定には、そのための調査も含まれており、その結果を対策計画に活かすことなども想定されているように見えます。ここでは、そうしたデータベースの整備と活用について考えます。

■ 基礎データの収集

これまでの章では「困った空き家」とそこまでには至っていない空き家の両方について、さまざまな対応策を検討してきました。

自治体の担当者にとって大切なことは、まずは、自分の自治体における空き家に関して、必要な情報や知識を得ることです。そして、その情報は、自治体職員の常として数年で人事異動があることを考えれば、担当者が誰であるかにかかわらず、常に利用できるデータとして保持される必要があります。

そのためには、たとえば、次のようなデータを収集し、状況を分析、保存、そして更新することが必要でしょう。

・空き家そのものの数、推移、分布状況
・「困った空き家」の数、推移、分布状況
・「困った空き家」に起因する危険等の程度や内容
・「困った空き家」に対する措置状況

　もちろん、すべての項目につき全数調査をする必要があるかどうかは、自治体の規模や空き家の特徴にもよります。しかし、一般的にはそこまでの必要はないと考えられます。また、直接現地調査をしなくても、住宅・土地統計調査のように他の統計などから推測できるものもあるでしょう。データの収集にあたっては、実務の負担や費用対効果なども念頭に置きながら、目的に応じた調査方法を設計する必要があります。

■ 調査の目的・範囲・方法・活用を考える

　データベースに空き家に関するどのような情報を蓄積したいのか、そのデータベースをどのように活用するのかについては、調査項目と合わせて、一体として考えます。そうすることで、結果の活用から見て有意義な調査になります。加えて、調査の設計の段階から、結果を対策計画の策定等にどのように活用するかも考慮しておくべきです。

　設計の段階では、まず初めにデータベースの利用目的を考えます。大きく分けて、自治体内に存在する空き家全体の概要や傾向を把握するためのデータを蓄積すること、および個別の空き家について状況や対応などの記録をすることの2種類が考えられます。

　後者については、空き家対策を行う上では絶対に必要です。しかし、前者の内容の一部は後者に必要な情報と重複する部分もあります。たとえば、空き家の所在や状態、写真などの記録です。そこで、前者の目的のために作成したデータも後者に使えるようデータベースを作成します。

　ただし、傾向等をつかむための総括的な調査では、1軒当たりにか

けられる調査時間は限られています。また、外部委託する場合には、予算の制約もあります。そのため、所有者への事前の通知が必要な立入調査は基本的にはできないものと考えた方がよいでしょう。また、所有者の把握にも限界があります。

そこで、あらかじめ庁内にある空き家に関する情報を整理しておき、調査結果と合わせて、1つのデータベースにまとめるという作り方も有効です。これは、同一の空き家に関する情報が、いくつも庁内に散在する場合、過去の対応状況を一元化することも併せて実施できますので、既存情報の棚卸という点でも実施の意味があります。

なお、空き家は計画的に発生するものではないため、自治体内の分布状況を把握する調査の場合には、自治体内の建物をしらみつぶしに調べていくことが考えられます。しかし、自治体の規模にもよりますが、このような調査には膨大な時間と費用が必要になります。そのうえ、空き家の状況は、時間とともに変化していくので、データ内容の更新を定期的に行わなければなりません。

また、調査結果の目的としては、たとえば「特定空家等の基準作りのために、現状を把握する」「早急に対応が必要な空き家を把握する」「地域の高齢化率と空き家の発生の相関を調べ、予防活動に利用する」などが想定されます。こうした目的であれば、一部地域を抽出して調査を行うことで足りる場合もあると考えられます。

これらから考えると、必ずしも、しらみつぶしの全数調査にこだわる必要はありません。むしろ全数調査では、費用に見合った効果を得るのは難しいと考えられます。

この調査には、予算を取って外部に委託して行う場合、予算要求に始まり、委託契約を行い、実際に調査が完了するまでには、1年程度の時間が必要でしょう。

しかし、たとえば、現に周辺に危険等を及ぼしている空き家について把握したいだけであれば、このような新規の調査は必要ないかもしれません。消防機関は、火災予防の目的で、自治体内を巡回して家屋の状況などを調べていることがあります。もちろん目的は、火災予防

のためなので、空き家だけをターゲットにしているわけではありません。そこで、そうした情報の中から、空き家に該当するものを抽出して、データベースを作成することも考えられます。

あるいは、早期対応が必要な空き家を抽出したい場合であれば、自治会・町内会等に協力を要請して、現に地元で「困った空き家」と見られている空き家に関する情報をまず当該地域で収集してもらい、次に職員が現地確認してデータベース化するという方法も考えられます。

こうした調査が終わり、本来の目的のために利用した後でも、調査後に寄せられた相談や住民対応の記録、新規の空き家情報などをデータベースに追加していき、庁内で情報共有できるようにすることが、調査の結果を無駄なく利用する点で望ましいといえます。

現在では、地図や写真と合わせて記録できる空き家管理のソフトウェアなども販売されていますので、利用目的にあわせて、具体的な記録方法を考える必要があります。

3 内外体制の構築

空き家に起因する諸問題は、従来の自治体の体制に当てはめようとしても、1つの部署には収まりません。そのため、自治体内の複数の部署が対応をしていました。特措法の施行によって、所管課は決まりますが、空き家を取り巻く環境自体が変わるわけではありません。そのため、空き家の所管課以外の部署の協力も欠かせません。

さらに、近隣への危険ないし迷惑という事柄の性質上、空き家問題とその対処において、地域社会との関わりは非常に重要です。そこで、自治会・町内会等の地元地縁組織に協力を求めることも有効です。

■ 住民への対応を適切に行うために

庁内体制の構築が必要な理由の第一は、住民対応を適切に行うためです。特措法は、空き家に起因するさまざまな問題の多くに対応できますが、空き家問題の性質が特措法によって変わったわけではありま

せん。そのため、特措法が施行されても、住民等から最初に相談が持ち込まれる窓口が、従来と同様に複数の部署にわたることに変わりはないでしょう。

空き家問題は、特措法の施行前からさまざまな部署に関わりがありました。それは空き家に起因する諸問題が、自治体の組織横断的なものだからです。たとえば、建物の老朽化による危険は建築基準法を所管する建築部門が対応することが通常でしょう。ごみの投棄があれば、衛生部門に、どうにかしてほしいという相談が来ます。また、空き家の庭にある立木に害虫が発生していれば、これも衛生部門に相談が来るでしょう。雑草がひどければ、雑草を刈ってほしいとか、所有者に雑草を刈るように指導してほしいといった相談が寄せられます。これを担当するのは環境部門でしょう。ブロック塀が道路に倒れそうであれば、相談が来るのは道路部門かもしれませんし、その道が通学路なら教育委員会に相談が来ることもあります。

これは、住民自身が相談先を選んでいるからです。たとえば、「この問題は〇〇に関係がありそうだから、その関係部署に相談しよう」とか、「現場が自分の家の近所で地域の問題だから、地域に身近な出張所に相談しよう」などと頭に浮かびます。

そのため、相談がありそうな部署と空き家問題担当の部署の間で、住民からの相談等がスムーズに引き継がれなければなりません。そのための体制が必要です。

■ 空き家対策を円滑に進めるために

庁内体制の構築が必要となるもう1つの理由は、自治体内部の事務を円滑に行うためです。これには、特措法に基づく対応を円滑に行うためと、本書6章で解説した緊急措置を行うための2つの理由が考えられます。

特措法の対応を円滑に行うためには、空き家の情報を自治体内で一元化することが有効です。空き家の所管課で空き家の対応を適切に行うためには、まず空き家の情報を正確に把握する必要があります。し

かし、空き家に関する情報は、庁内に分散しています。それは、先に述べたように、特措法施行以前はさまざまな部署がばらばらに対応していたからです。そして、その対応によって解決した空き家と、問題が残ったままになっている空き家が混在しています。さらに、特措法施行以後も、絶えず庁内のあちこちに空き家の相談が持ち込まれるでしょう。場合によっては、持ち込まれた時期が違ったり、持ち込まれる部署が違ったりしたために、同一の空き家について別々の部署で対応していることもあり得ます。これらの情報を1つにまとめることが必要です。

また、すでに触れたように、即時対応を必要とする緊急措置については、特措法に対応する規定がありません。そこで、その他の法令に基づく有効な措置の有無を他の部署に対して調査する必要があります。あるいは実際に緊急措置が必要になったとき、直ちに十分な対応が得られるかどうか、平素からの協力体制の有無により大きく変わってきます。

■ 庁内体制の整備

空き家対応の庁内体制は、上述した諸点に鑑みて構築する必要があります。これを次の3点から考えてみたいと思います。

まず、どのような部署が参加すべきか。次に、それぞれの部署がどのような役割を担うか。最後に、実際にどのようなかたちで、それを実現、実施するか、という点です。

最初の、どのような部署に参集を求めるかという点については、まずは空き家に関する相談が持ち込まれそうな部署ということになります。

具体的には、空き家に起因するさまざまな問題に直接関係する部門です。それは、建築部門など、建物の安全を所管する部署、清掃などごみ問題に関係する部署、道路を所管する部署、防災などの住民の安全確保に関する部署、雑草問題に関係する環境関係の部署、火災予防などのための消防、住民に身近な出張所や連絡所などです。

これらの部署の多くは、緊急対応に関連する法律を所管している部署でもあり、連携の必要性がとくに高い部署です。
　その他には、空き家問題に対して二次的に関係がある部署です。具体的には、法律、税務の関係部署などです。法律の所管部署を加える理由は、特措法に基づく対応のうち、命令や代執行、またそれに先立つ意見聴取等の手続きにおいて、法的な見地からの意見を求めるためです。また、すでに空き家対策条例がある、あるいは新たに制定する自治体では、特措法をはじめとする法律との抵触関係や緊急措置など条例独自の措置の創設の際にも法的な側面からの支援が必要です。
　税務部門の参加は、まず、所有者の調査段階における情報提供を受けるために必要です。加えて、特措法の勧告を行う際の税務部門としての対応、すなわち、翌年度の課税から小規模住宅特例を外すためには、勧告をいつごろまでに行えばよいか、などの調整も欠かせません。実際、かなり早期に行わなければ間に合わないこともあるようです。
　他にも、空き家の所有者には高齢者が多いことが考えられるため、介護や医療保険等の情報の利用や、予防活動などへの協力のために福祉部門との協力が考えられます。あるいは、観光地など景観に関する問題が重要になる地域では、景観や観光の所管部署の参加も考えられます。
　また、住民基本台帳情報の利用、個人情報保護、電算システムの活用などで、これらの部署との関係も生じてきます。これらを常任メンバーとするか、必要な都度個別に相談するかは、その自治体の体制や抱えている空き家問題の性質などによります。

■ 庁内各部署の役割

　上述した各部署が担うことを期待する役割には、さまざまなものが考えられますが、代表的なものは次に挙げるそれぞれでしょう。

[1] 住民の相談窓口、担当課への引継ぎ

　空き家の所管部門が決まっても、前述したように住民からの相談が

複数の課に持ち込まれることは、あまり変わらないと思われます。そこで、そうした実績のある課には、引き続きある程度の住民応対と空き家対策の所管課への案内をしてもらいます。

　その際、相談に来た住民に対して、ただ「空き家の担当課を紹介する」と説明するばかりでは、その後の対応に問題が生じることがあります。たとえば、相談者が自分の持ち込んだ空き家に起因する諸問題の解決について過大な期待を抱いたり、明らかに空き家ではないと思われる相談が持ち込まれたりすることなどです。そこで、ある程度の空き家対策に関する知識をふまえて、簡単な前さばきや、空き家対応についての簡単な説明までできれば、住民に対しても親切な対応になり、空き家対策の所管課にとっても助かります。

[2] 空き家情報の共有

　次に、その課で過去に対応した案件の中に、空き家と思われるものがあるかどうかの調査です。これらの課は、空き家かどうかの観点からは業務を行っていませんので改めてチェックし、該当するものがあれば、それに関する情報や対応の経過などを共有化します。

　同じ空き家について複数回相談に来る住民もいます。過去の苦情や相談等のことを空き家の所管課は知らず住民側は覚えていることもあります。また、直接空き家の所管課に持ち込まれた相談についても、過去にいずれかの部署が対応している可能性もあります。こうした場合に備えて、過去の対応状況を把握しておくことが必要になります。また、苦情や相談等に来た住民にも、行政がきちんと対応していることが伝わり、その後の対応を円滑に進めることにつながります。

　また、別の課が未解決のまま抱えている空き家の案件については状況を確認し、その部署の所管事項を越えて問題が広がっている場合は、対応を移管する必要がある場合もあります。

[3] 空き家対応実務における協力

　3番目は、空き家の所管課が対応をしている空き家について、各課

ごとに持っている機能、所管の業務を活かした、さまざまな協力です。
　税の部門には、空き家の所有者調査についての協力体制を課全体として組織的に整えてもらう必要があります。また、勧告を行う際は、翌年からの固定資産税額の変更を伴いますので、その意味でも実務的な協力が欠かせません。
　そのほか、建築基準法や消防法、滞納整理など、特措法以外から所有者に対してアプローチしたほうがよい場合の対応の協議、実施の協力体制を作っておくことも多面的な対応を行うためには必要です。また、対策計画を策定する場合などは、これらの課の知識や経験が大変役に立ちます。

[4] 緊急措置等への協力

　その他に重要なことは、緊急措置等、特措法が想定していない事態への対応です。
　これには調査段階と、実際の措置段階の2つがあります。
　調査段階での協力とは、直ちに立入りをしなければならない場合です。特措法9条3項では、立入調査をする5日前までに所有者に対して、その旨の通知をすることを義務づけています。そのため、空き家の相談を受けてから立入調査ができるまでには、どうしても数日間は必要です。しかし、今にも壁が道路に落ちそうであるといった情報を受け、すぐに現状を確認しなければならない場合もあります。こうしたときに、たとえば建築基準法や消防法に基づく立入りができないかどうかを検討し、可能であればその所管部署に調査を依頼し、結果報告を受けることで、必要に応じたより迅速な対応が可能になります。
　もちろん、こうした場合でも、後日の調査に備え、特措法に基づく所有者への通知を並行して進める必要があります。
　また、こうした調査の結果、急いで何かしらの対応を行わなければならない場合には、空き家対策条例に緊急措置に関する規定があれば、それに基づく対応が可能ですが、それがない場合は、別の法律に基づいて緊急措置ができないかどうかを検討し、可能であれば措置を講じ

ることも必要です。こうした対応は、急に依頼をしなければならないことから、事が起きてから事務的な調整を行っている時間はありません。そのために平時から、こうした事態が起きたときの対応を決めておき、円滑な対応を行えるようにしておく必要があります。

[5] 協議会の運営等への協力

　特措法7条に規定されている協議会は、設置自体は任意ですが、空き家に関するさまざまな対応を考慮すると、設置することが望ましい組織です。そこで議題となる事柄については、ある程度事務方の検討を加えたうえで提案することになります。

　この協議会を運営するための事務局は、特措法の所管課が担当しますが、その役割の検討過程や、運用の段階で、空き家に関する相談等が持ち込まれることもありますので、その場合は、関係する法律や事務を所管している部署に協力を要請します。

[6] 特定空家等の発生予防

　特定空家等の発生は、所有者の高齢化と一定の関係があります。所有者の介護施設への入居や、ひとり暮らしの高齢者が家族の許へ呼び寄せられて同居を始めることなどが、空き家の発生原因の1つとして考えられるからです。

　こうした場合には、当事者は新しい環境での生活のことを考えることで精一杯で、残してきた家屋のことは後回しにされがちです。このような場合には空き家対策部門と福祉部門の連携により、介護施設等において、「困った空き家」の予防啓発などを本人や家族に対して行うことなども考えられます。

■ **全庁的な協力体制の継続**

　こうした協力体制を継続的に維持、運営するためにはどのようにしたらよいでしょうか。

　問題が起きるたびに、関係がある部署に個別に声をかけていては、

体制自体が不安定ですし、人事異動などの影響も受けます。さらに、空き家に対して統一した対応をするためには、こうした関連課のすべてが全体としての取組方針を共有しておく必要があります。

　そのためには、こうした関連課を構成員とする恒久的な組織を設置することが望ましいでしょう。

　協議会にその役割が期待できればよいのですが、協議会には首長が必ず含まれなければなりませんし、外部から構成員を加える場合もあることから、あまり頻繁な開催や緊急招集は困難でしょう。そこで、定型作業に類することや、実務的な検討は、過去からある程度空き家に起因する諸問題に関わってきた部署の職員を構成員とする下部組織を作って対応することが現実的です。

　そこで、協議会を本体と部会などの2部構成として、空き家に関する対応や情報交換、各部署の役割の決定などについて、この下部組織で検討することにすれば、協議会の運営準備を兼ねて一石二鳥を狙えます。

■ 自治会・町内会等との協力体制

　「困った空き家」は、近隣に何らかの形で迷惑をかけているため、住民との関係は空き家問題の所管課にとっては避けられません。また、こうした迷惑を被っている住民から、行政に相談や苦情が持ち込まれることもしばしばあります。「困った空き家」は、こうした住民からの通報や相談によって存在がわかる場合も少なくありません。

　現実的には、自治体の職員がどれほど頑張っても、それだけでは自治体領域内の隅々に至るまでの空き家情報を網羅することは不可能です。しかしそれは、住民と良好な関係を作ることで、かなり補うことができます。

　そうした意味で、自治会・町内会等との良好な関係を築いておくことも重要です。ただし、自治会・町内会等は、自治体内のさまざまな部門から、すでにいろいろな協力のお願いが届いていることが普通ですので、なるべく負担が少なくなるような配慮が必要です。たとえば、

空き家を把握するためにわざわざパトロールをしてもらうなどの新しい負担をかけることは望ましくありません。

「困った空き家」については、その近隣に住む人が、実際に迷惑を受けていても、それを誰に伝えるべきかわからないこともあります。また、役所に出向いて相談等をすることに気が乗らなかったり、腰が重かったりする人もいます。そうした声を拾って、空き家の所管課に伝えてもらうだけでも、かなりの情報が得られます。

また、空き家に起因する諸問題について対応する部署が役所の中にあるということを、自治会・町内会等で話題にしてもらうだけでも、それが契機となり相談に結びつく、という効果が期待できます。

こうした自治体の対応が周知されれば、担当職員が対象となる空き家の周辺で行う聞き取り調査にも、空き家の状態だけではなく、所有者に関する情報が得られるなど、よい効果につながります。所有者の家族構成や職業、健康状態、近所づきあいの状態、転居先や親戚、以前に役所の他の部門の人が来たことがある、などの情報に触れることもありますし、そうした情報から、亡くなった所有者の遺族に面会できた実例もあります。

役所の公式の記録と異なり、こうした聞き取りで得られる情報は、教えてくれる人の勘違いや記憶が曖昧なことなどがあり、100パーセントの正確性は期待できません。しかし、所有者に関して公式文書では得られない情報を入手できることは貴重です。

もちろん、こうした情報は1人の住民からだけではなく、複数、できれば多数の人から聞いた方が情報量も増えますし、信頼度も上がります。

さらにすでに把握している空き家についても、危険な状況など、変化が見られたときには教えてくれるように依頼しておくこともよい効果を招きます。

空き家問題の背後に潜む深層の問題

　空き家問題として表面化した問題の深層には、深刻な問題が潜在しています。視点を転じてそうした問題を考察してみましょう。

生活文化等の伝承困難

　すでに右肩下がりの時代であり、人口は減少しつつあります。この事実は、経済社会の規模が縮小するということですから、適切な社会資本のあり方も変わらざるを得ません。各種の建物は、それぞれ所有者の財産であることはもちろんですが、総体として見れば社会の資産ともいえ、利活用をする者がいない空き家は、過剰資産と見ることができます。

　かつて住宅は需要に供給が追いつかず、質より量が求められました。それが過剰になれば、次は不良なものが淘汰され、全般に質が向上することを期待したいところです。しかし、資産の世代間継承が困難なために始末がつけられず、再編が進まない事態が各地に発生しました。空き家問題は、過剰資産の不良資産化問題とも見ることができます。

　高齢化がいち早く進んだ農山漁村部では、住宅は多くの場合に生業と固く結びついています。跡継ぎを探そうにも、都市に出た団塊の世代もすでに高齢者で身動きがとれません。まして、社会人の仲間入りを始めている都市第3世代にとっては曾祖父母の地ですから、遠い世界の話です。先祖伝来の土地を守る者も守ろうとする意識も失われ、集落単位で消滅する危機まで叫ばれるようになりました。

　地域社会の変貌にマイカーは強く拍車をかけました。農山漁村部と都市部の別なくクルマなしの生活は考えられず、公共交通機関は著しく痩せ細りました。もはやシャッター通りと化した駅前商店街はまったく珍しくあ

りません。シャッターが閉ざされた店舗の多くは、店をたたんだ元店主の住宅に機能を変え、時を経て空き家へと転じます。

さらに近年では、駅前に立地するデパートや全国展開する大型スーパーマーケットなどの大型商業施設の撤退も目立ちます。巨大なビルの転用は難しく、駅前一等地に廃墟が位置するところもあります。

改めて、建物と産業ないし生活文化の結びつきが偲ばれます。すなわち、建物の世代間継承困難の裏面には、産業ないし生活文化の伝承困難の問題があります。

時代の変化に追いつかない制度や行政対応

第二次世界大戦以降、国が進める住宅政策は持ち家の推進で一貫しています。個人資産の形成を税制等で後押しする政策ですが、圧倒的に住宅が不足していた時代ならいざ知らず、この先ますます空き家が増加すると見込まれる今日においても継続されています。

自治体が建築を進めるいわゆるハコモノについても同じような状況があります。国が用意する補助金は、各省庁の政策に叶うハコモノの新築には熱心ですが、維持管理に係る経費は補助対象とはされず、除去についてはごくわずかの例外を除いて視野の外です。時間軸に沿った展望に欠ける誘導策は、もはや時代遅れというべきでしょう。

また、行政職員の削減が過度に進んだ結果、国や自治体がそれぞれの財産管理に手が回らなくなっている状況も問題です。民間に貸し出された不動産が空き家問題を発生させていても、その実態把握すらあきらめ、賃貸料の未収を密かに不納欠損処分で済ませている例が多く実在します。

さらに、国や都道府県が所有あるいは管理する建物が、本来の役割を果たさないまま放置され、周囲に危険や迷惑ないし不快感を及ぼしている事例もあります。そうした建物が立地する市町村は、善処の申入れに遠慮がちですが、そうした歪な関係は断ち切るべきです。

第12章 特措法と条例の併存関係における法務

　特措法が施行される前から、各地の自治体では多くの空き家対策条例が制定されていました。遅れて生まれた特措法の施行により、これらの条例にも影響が及び、場合によっては改正を要するところもあります。本章では、特措法が施行された後の空き家対策条例について、その新たな役割を含めて検討を加えます。

1　既存条例と特措法の抵触

　特措法の目的は、既存の空き家対策条例のそれとほぼ同じといえます。実際に、類似規定も数多くあります。また、特措法の施行後にも自治体の空き家対策条例は増えています。特措法と条例が併存する自治体ではどのような点に注意する必要があるのか。特措法と既存条例の抵触関係から検討します。

■ 措置の順序

　特措法自体には、助言・指導、勧告、命令の順にそれぞれの規定がありますが、実施の順については、明確な規定はありません。とはいえ、すでに本書3章でもふれたように、ガイドラインでは、所有者の権利に配慮して、必ずこの順序で措置を行うこととされています（ガイドライン2頁、自民党・特措法解説134・135頁）。
　ところが、近年空き家対策条例を制定した自治体の中には、この順序について異なる規定を置く例があります。それは、空き家の状態によって、指導や勧告を行わずに、すぐに命令が出せるという規定です。この規定が設けられた趣旨は、指導から順番に手続きをとっていては、

すぐに対応したい「困った空き家」に実効性ある対処ができないということでしょう。しかし、ガイドラインにおいては、たとえ緊急対応の必要がある場合であってもこの手順を守らなければならないと、明確に運用上の考え方が打ち出されています（ガイドライン2頁、自民党・特措法解説149頁）。

即時対応が必要な緊急事態に瀕しては、本書6章で述べたとおり、特措法とは別の手段で対応することとして、この措置の順序については条例を特措法に合わせた規定にすることが必要です。

ただし、特措法がすでに施行されている現時点で、条例独自の助言・指導、勧告、命令の手続き自体を存置させる必要性自体について、別に検討する必要があります。

■ 法的根拠の曖昧性

条例の規定に特措法の規定と重複するように見えるところがあると、その執行の段階で法的根拠が曖昧になるおそれがあります。その心配がある部分については、法的根拠を明示する条例改正を行うことが望ましいでしょう。

具体的に、実務上支障が起きそうなところとしては、指導や助言に関する規定が考えられます。特措法では、特定空家等に対して、「指導又は助言」に始まる措置の3段階をふまえて行政代執行に至ることが規定されていますが、それはあくまで「特措法の規定」に従ってそのように進むことになります。

したがって、自治体が定めた空き家対策条例等の規定によって、指導や助言を行っていても、それは特措法の手順をふんだことにはなりません（「『空家等に関する施策を総合的かつ計画的に実施するための基本的な指針』に対する御質問及び御意見に対する回答（第二弾）」、2015（平成27）年5月26日、国土交通省住宅局・総務省地域力創造グループ）。ここは混乱を生じないよう、たとえば、次のように条例を改正することが妥当でしょう。

> （改正前条例）
> 　市長は、空き家等が管理不全な状態になるおそれがあると認めるとき、又は管理不全な状態であると認めるときは、当該所有者等に対し、必要な措置について助言又は指導を行うことができる。

> （改正後条例）
> 　市長は、空き家等が管理不全な状態になるおそれがあると認めるとき、又は管理不全な状態であると認めるときは、当該所有者等に対し、<u>空家等対策の推進に関する特別措置法第14条第1項の規定に基づき、</u>必要な措置について助言又は指導を行うことができる。

■ 過料に関する規定

　特措法16条1項では、命令違反に対して50万円の過料が規定されています。一方、少数例とはいえ既存条例にも過料に関する規定を置くものがあります。条例で規定できる過料の上限は、地方自治法15条2項により5万円と定められているため、それらの条例では過料はみな5万円と規定されています。いずれにおいても、過料には、金銭的な負荷を与えることで間接的に命令の執行を促す「間接強制」の効果が期待されています。

　特措法と条例が併存する自治体で命令違反が発生した場合、次のようなことが考えられます。

　まず、命令は特措法による命令なのか、条例による命令なのかが問われます。この点は、前述した指導や助言の場合と同様です。条例による命令違反でなければ、条例による過料を科すことはできません。特措法の過料についても同様です。

　次に、過料の法的根拠を明確に区分して運用したとしても、そもそも過料の目的が同じとすれば、結果における差異は生じないはずです。

とすると、同じ事象について異なる過料が制定されることの合理性が疑われます。

これを、法律との抵触関係という観点から見れば、特措法は全体的にはかなり自治体の裁量を認めているとはいえ、過料に関する規定は全国一律です。金額を見れば法律の範囲内ですが、法関係として見れば法律で定められた過料を引き下げることになり、法律の枠を超えることになります。そこで、自治体独自の条例による過料軽減を定めることはできないと考えられます（日本国憲法94条）。

過料に関する規定は特措法に一本化し、条例からは削除することが妥当です（自民党・特措法解説192・193頁）。

2　特措法の確実な執行促進

特措法の規定内容は、多くの既存空き家対策条例をかなり踏襲しています。ここでは、併存する状態の条例が特措法を確実に執行するうえで、どのような役割を担い、そのためにどのような規定を設けるべきか、などについて検討します。

■ 義務規定化

特措法に規定されている、特定空家等に対する措置は、「困った空き家」に対して多くの既存条例で定められていた内容とほぼ変わりません。しかし、特措法の規定の多くは、「市町村は、～できる」という書きぶりで、さまざまな措置等を同法に基づいて行うか否かを自治体の裁量に任せています。一例を挙げれば、特措法7条に規定されている協議会を設置するか否かは自治体の自由です。その他の条文についても、同様の規定が多く見られます。

つまり、特措法単独では、個々の自治体それぞれが、同法の規定のうち何を実施するのか明確ではなく、執行しにくいと思われます。

そこで、自治体としての主体的な考えに基づいて、特措法の規定のうち、実施する措置については、「～しなければならない」または「～

するものとする」といった規定を条例に置くことが考えられます。こうした規定により、自治体としての対応方針が明確になるとともに、特措法を具体的にどのように執行するのかについても、明示されます。

■ 執行要件や方法の明確化

　特措法は、一連の措置の対象となる「困った空き家」を特定空家等としていますが、すでに本書3章および5章で触れたように、特定空家等に該当するか否かを判断する基準の明文規定はなく、ガイドラインに例が示されるにとどまっています。しかし、ここは空き家の所有者はもちろんのこと、特措法を執行する自治体職員にとっても、大変重要なところです。

　本書5章でも述べましたが、あえてここでも自治体の条例で、特定空家等の認定要件および認定手続き等を明定するべきであること、また要件自体の内容を決める過程も大切であることを繰り返し強調しておきます。もちろん、特定空家等かどうかを認定する最終責任は首長にありますが、その判断を支える過程として、たとえば「特定空家等の認定は、特措法に規定される協議会の審議を経て行う」旨の規定を置くこともよいでしょう。

　空き家問題への対策で、法律上の不確定概念を自治体の条例で明確化する試みは、すでに2013（平成25）年1月に施行された「市川市空き家等の適正な管理に関する条例」（当時）に実例があります。これは特措法の施行以前の段階で、建築基準法10条にある「著しく保安上危険」という抽象的規定では措置の実施が難しいと判断した市川市が、措置の実施基準を独自の条例で定めて、その対象を明確化したものです。なお、市川市のこの条例は、特措法の施行をうけて、2015（平成27）年9月29日に全部改正されました。

■ 特措法の施行前後に措置がまたがる空き家への対応

　特措法が施行された時点で、すでに独自の空き家対策条例に基づいて、「困った空き家」の所有者に対して適正な措置を求める指導や勧

告が行われている例は、全国各地にあります。

　一方、特措法の命令を実施するためには、同法に基づく助言・指導および勧告が、それに先だって実施されていることが必要です。そのため、条例に基づく助言・指導をしていても、再度、助言・指導からやり直さなければなりません。

　そこで、特措法の施行以前に、条例に基づいて行った助言・指導や勧告を特措法のそれとみなす旨の規定を条例に置くことが考えられます。これにより、特措法の施行の前後にまたがって対応している空き家に対して、法の手順を順守していることを明示することができます。

　実際に、京都市が従来の条例について、特措法をふまえ、2015（平成27）年12月に改正した「京都市空き家等の活用、適正管理等に関する条例」（平成27年12月22日条例第25号）には、附則2項にこうした規定が置かれており、参考になります。

3　特措法に欠ける内容

　特措法は、先行する自治体の空き家対策条例をふまえて立法されているため、概ね各条例に通じる手法を踏襲し、条例では不可能であった法律ならではの規定を加えた形で構成されています。とはいえ、既存の空き家対策条例に含まれていながら、特措法に該当する規定が見当たらない事項もあります。そこで次に、特措法と条例が併存する状況において、特措法に欠ける事項に着目して条例の役割を考えます。

　なお、即時対応を要する緊急事態に関する規定は、特措法になく既存条例にはある規定の中でも、実務への影響がとくに大きい事項ですが、すでに本書6章で詳しく取り上げているため、ここでは除きます。

■ 防犯上問題がある空き家の定義上の扱い

　すでに本書3章で触れましたが、特措法の特定空家等の定義には、防犯を目的とした規定はありません。一方、多くの空き家対策条例では、犯罪発生のおそれがある空き家を条例の対象に含めて規定しています。

これについては、法律に規定のない状態を条例が対象としている、いわゆる「横出し」規定と見なすことが一見妥当に見えます。しかし、そのように捉えると、倒壊の危険や、衛生上の問題がある空き家については、特措法の規定によって対応し、防犯を理由に対応する場合は、条例によって措置を行うということになります。

　特措法は、自治体が独自の措置を行うことを妨げていませんので、そのように対応することも法制度上は可能です。

　しかし、実務上、このような運用を行うことは、非常に煩雑で、指導等を受ける空き家の所有者が混乱する恐れがあります。また、対象の空き家の問題状況に、防犯とそれ以外の状態が混在している場合には、いっそう対応が困難になります。

　本書３章でも指摘しましたが、特措法の特定空家等がカバーしている範囲には、実質的に条例でいう防犯上問題のある空き家も含まれていると考えられます。つまり、条例にある防犯上問題のある空き家についての定義規定を削除しても、実務上の不足は起きません。むしろ、混乱を避けるためには、空き家の定義規定を特措法に揃える方が合理的かもしれません。

　なお、自治体の空き家対策条例には、その目的規定に防犯が掲げられているものが少なくありません。措置対象の定義規定とは異なり、そのような目的規定を条例に置くことについては、そのままにしておいても何ら問題はありません（自民党・特措法解説 44 頁）。

■ 公表に関する規定

　特措法施行以前の空き家対策条例には、所有者に対して対応を促すための手段として、氏名等の公表を規定する例が多くありました。

　一方、一般に自治体が、住民等にある特定の行為を間接強制する手段としては、懲役、禁錮、罰金といった行政刑罰を科す方法と秩序罰としての過料を課す方法がありますが、空き家対策条例においては、わずかに過料の例があるものの、その他はほとんどとられてきませんでした。

これは、財産の管理状態に適切さを欠くものがあったとしても、そのこと自体が果たして罰金や禁錮といった行政刑罰に処すべきことかどうかの判断に当たり、断じ得なかったことによるのかもしれません。仮に行政刑罰に処すとなれば、刑事訴訟法上の手続きで進められることになりますが、そのためには条例制定に当たって検察協議が必要になります。一般に、自治体はこれを実務上の壁と捉える傾向があり、越える自信が十分にない場合には立ち止まることが多くあります。

　また、過料については、上述したとおり、自治体が課すことのできる上限額は5万円で、空き家の措置に必要な金額と比べてきわめて少額にすぎず、実効性の面で疑念が持たれたことが実例の少ない理由として考えられます。

　これらに対して、氏名等の公表にどれほどの効果があるのか、実際のところは必ずしも明確ではありません。それでも、多くとられてきたのは、社会的な信用が大切な法人等が所有者である場合などに、一定の効果があると見られてきたためでしょう。

　氏名等の公表については、その存在価値を認め、特措法の施行後も残す自治体もあります。しかし、その場合でも、特措法のどの状態に該当したときに公表するのかなどを、明確に規定しておく必要があります。

■ 集合住宅に関する規定

　特措法は、戸建て住宅など、建物の一棟全部を対象にした法律です。したがって、一棟の建物を複数の人が所有している長屋やいわゆるマンションなどの集合住宅は、その全部が空き家でない限り対象から外れます（「『空家等に関する施策を総合的かつ計画的に実施するための基本的な指針』に対する御質問及び御意見に対する回答（第一弾）」、2015（平成27）年4月13日、国土交通省住宅局・総務省地域力創造グループ）。

　しかし、都心部等では、集合住宅の住民が非常に多く、その一室が空き家（空き部屋）となることも、今後ますます増加するものと考え

られます。

　こうした建物に生じる問題としては、部屋に残された荷物等が腐敗して悪臭を放つ、あるいはこれらに害虫が発生する、その部屋が原因で生じている他の階への雨漏り等が修繕できない、などといったことが考えられます。

　これらについては、条例で対応が可能なように、その対象として明示しておき、必要ならごみの撤去などの代執行を行うといったことができるようにしておくことも、これからの空き家対策の方向として検討に値します。ただし、これらに対する措置は、特措法とはまったく別物になるため、たとえば代執行についても、行政代執行法に基づいて実施する仕組みにするなどの点に注意が必要です。

■ 議会の関与

　特措法の執行のみによって、空き家対策を行う場合は、制度上は自治体議会が関与する場面がありません。特措法の規定は、ほとんどが「できる」規定であるため、その内容を実施するかどうかは、自治体の判断に委ねられます。もちろん、実務上そのまま特措法を執行するという考え方でも何ら問題はありません。

　しかし、特措法上は「できる」規定であっても、自治体の総意として「義務」として実施するという姿勢で臨む場合など、その姿勢の正当性を議会の議決により担保することもあり得ます。すでに述べたように「困った空き家」をどのような手続きないし要件をもって特措法上の「特定空家等」と認定するかなど、条例で定めることには十分な意義があります。もちろん、特措法にない規定をどの程度盛り込むのかという点についても、自治体の独自性が発揮されます。

空家等対策の推進に関する特別措置法
(平成26年11月27日法律第127号)

(目的)
第1条　この法律は、適切な管理が行われていない空家等が防災、衛生、景観等の地域住民の生活環境に深刻な影響を及ぼしていることに鑑み、地域住民の生命、身体又は財産を保護するとともに、その生活環境の保全を図り、あわせて空家等の活用を促進するため、空家等に関する施策に関し、国による基本指針の策定、市町村(特別区を含む。第10条第2項を除き、以下同じ。)による空家等対策計画の作成その他の空家等に関する施策を推進するために必要な事項を定めることにより、空家等に関する施策を総合的かつ計画的に推進し、もって公共の福祉の増進と地域の振興に寄与することを目的とする。

(定義)
第2条　この法律において「空家等」とは、建築物又はこれに附属する工作物であって居住その他の使用がなされていないことが常態であるもの及びその敷地(立木その他の土地に定着する物を含む。)をいう。ただし、国又は地方公共団体が所有し、又は管理するものを除く。
2　この法律において「特定空家等」とは、そのまま放置すれば倒壊等著しく保安上危険となるおそれのある状態又は著しく衛生上有害となるおそれのある状態、適切な管理が行われていないことにより著しく景観を損なっている状態その他周辺の生活環境の保全を図るために放置することが不適切である状態にあると認められる空家等をいう。

(空家等の所有者等の責務)
第3条　空家等の所有者又は管理者(以下「所有者等」という。)は、周辺の生活環境に悪影響を及ぼさないよう、空家等の適切な管理に努めるものとする。

(市町村の責務)
第4条　市町村は、第6条第1項に規定する空家等対策計画の作成及びこれに基づく空家等に関する対策の実施その他の空家等に関する必要な措置を適切に講ずるよう努めるものとする。

(基本指針)
第5条　国土交通大臣及び総務大臣は、空家等に関する施策を総合的かつ計画的に実施するための基本的な指針(以下「基本指針」という。)を定めるものとする。
2　基本指針においては、次に掲げる事項を定めるものとする。
　一　空家等に関する施策の実施に関する基本的な事項
　二　次条第1項に規定する空家等対策計画に関する事項
　三　その他空家等に関する施策を総合的かつ計画的に実施するために必要な事項
3　国土交通大臣及び総務大臣は、基本指針を定め、又はこれを変更しようとするときは、あらかじめ、関係行政機関の長に協議するものとする。
4　国土交通大臣及び総務大臣は、基本指針を定め、又はこれを変更したときは、遅滞なく、これを公表しなければならない。

(空家等対策計画)
第6条　市町村は、その区域内で空家等に関する対策を総合的かつ計画的に実施するため、基本指針に即して、空家等に関する対策についての計画(以下「空家等対策計画」という。)を定めることができる。
2　空家等対策計画においては、次に掲げる事項を定めるものとする。
　一　空家等に関する対策の対象とする地区及び対象とする空家等の種類その他の空家等に関する対策に関する基本的な方針
　二　計画期間
　三　空家等の調査に関する事項
　四　所有者等による空家等の適切な管理の

促進に関する事項

　五　空家等及び除却した空家等に係る跡地（以下「空家等の跡地」という。）の活用の促進に関する事項

　六　特定空家等に対する措置（第14条第1項の規定による助言若しくは指導、同条第2項の規定による勧告、同条第3項の規定による命令又は同条第9項若しくは第10項の規定による代執行をいう。以下同じ。）その他の特定空家等への対処に関する事項

　七　住民等からの空家等に関する相談への対応に関する事項

　八　空家等に関する対策の実施体制に関する事項

　九　その他空家等に関する対策の実施に関し必要な事項

3　市町村は、空家等対策計画を定め、又はこれを変更したときは、遅滞なく、これを公表しなければならない。

4　市町村は、都道府県知事に対し、空家等対策計画の作成及び変更並びに実施に関し、情報の提供、技術的な助言その他必要な援助を求めることができる。

（協議会）

第7条　市町村は、空家等対策計画の作成及び変更並びに実施に関する協議を行うための協議会（以下この条において「協議会」という。）を組織することができる。

2　協議会は、市町村長（特別区の区長を含む。以下同じ。）のほか、地域住民、市町村の議会の議員、法務、不動産、建築、福祉、文化等に関する学識経験者その他の市町村長が必要と認める者をもって構成する。

3　前2項に定めるもののほか、協議会の運営に関し必要な事項は、協議会が定める。

（都道府県による援助）

第8条　都道府県知事は、空家等対策計画の作成及び変更並びに実施その他空家等に関しこの法律に基づき市町村が講ずる措置について、当該市町村に対する情報の提供及び技術的な助言、市町村相互間の連絡調整その他必要な援助を行うよう努めなければならない。

（立入調査等）

第9条　市町村長は、当該市町村の区域内にある空家等の所在及び当該空家等の所有者等を把握するための調査その他空家等に関しこの法律の施行のために必要な調査を行うことができる。

2　市町村長は、第14条第1項から第3項までの規定の施行に必要な限度において、当該職員又はその委任した者に、空家等と認められる場所に立ち入って調査をさせることができる。

3　市町村長は、前項の規定により当該職員又はその委任した者を空家等と認められる場所に立ち入らせようとするときは、その5日前までに、当該空家等の所有者等にその旨を通知しなければならない。ただし、当該所有者等に対し通知することが困難であるときは、この限りでない。

4　第2項の規定により空家等と認められる場所に立ち入ろうとする者は、その身分を示す証明書を携帯し、関係者の請求があったときは、これを提示しなければならない。

5　第2項の規定による立入調査の権限は、犯罪捜査のために認められたものと解釈してはならない。

（空家等の所有者等に関する情報の利用等）

第10条　市町村長は、固定資産税の課税その他の事務のために利用する目的で保有する情報であって氏名その他の空家等の所有者等に関するものについては、この法律の施行のために必要な限度において、その保有に当たって特定された利用の目的以外の目的のために内部で利用することができる。

2　都知事は、固定資産税の課税その他の事務で市町村が処理するものとされているもののうち特別区の存する区域においては都が処理するものとされているもののために

利用する目的で都が保有する情報であって、特別区の区域内にある空家等の所有者等に関するものについて、当該特別区の区長から提供を求められたときは、この法律の施行のために必要な限度において、速やかに当該情報の提供を行うものとする。
3　前項に定めるもののほか、市町村長は、この法律の施行のために必要があるときは、関係する地方公共団体の長その他の者に対して、空家等の所有者等の把握に関し必要な情報の提供を求めることができる。

（空家等に関するデータベースの整備等）
第11条　市町村は、空家等（建築物を販売し、又は賃貸する事業を行う者が販売し、又は賃貸するために所有し、又は管理するもの（周辺の生活環境に悪影響を及ぼさないよう適切に管理されているものに限る。）を除く。以下第13条までにおいて同じ。）に関するデータベースの整備その他空家等に関する正確な情報を把握するために必要な措置を講ずるよう努めるものとする。

（所有者等による空家等の適切な管理の促進）
第12条　市町村は、所有者等による空家等の適切な管理を促進するため、これらの者に対し、情報の提供、助言その他必要な援助を行うよう努めるものとする。

（空家等及び空家等の跡地の活用等）
第13条　市町村は、空家等及び空家等の跡地（土地を販売し、又は賃貸する事業を行う者が販売し、又は賃貸するために所有し、又は管理するものを除く。）に関する情報の提供その他これらの活用のために必要な対策を講ずるよう努めるものとする。

（特定空家等に対する措置）
第14条　市町村長は、特定空家等の所有者等に対し、当該特定空家等に関し、除却、修繕、立木竹の伐採その他周辺の生活環境の保全を図るために必要な措置（そのまま放置すれば倒壊等著しく保安上危険となるおそれのある状態又は著しく衛生上有害となるおそれのある状態にない特定空家等については、建築物の除却を除く。次項において同じ。）をとるよう助言又は指導をすることができる。
2　市町村長は、前項の規定による助言又は指導をした場合において、なお当該特定空家等の状態が改善されないと認めるときは、当該助言又は指導を受けた者に対し、相当の猶予期限を付けて、除却、修繕、立木竹の伐採その他周辺の生活環境の保全を図るために必要な措置をとることを勧告することができる。
3　市町村長は、前項の規定による勧告を受けた者が正当な理由がなくてその勧告に係る措置をとらなかった場合において、特に必要があると認めるときは、その者に対し、相当の猶予期限を付けて、その勧告に係る措置をとることを命ずることができる。
4　市町村長は、前項の措置を命じようとする場合においては、あらかじめ、その措置を命じようとする者に対し、その命じようとする措置及びその事由並びに意見書の提出先及び提出期限を記載した通知書を交付して、その措置を命じようとする者又はその代理人に意見書及び自己に有利な証拠を提出する機会を与えなければならない。
5　前項の通知書の交付を受けた者は、その交付を受けた日から5日以内に、市町村長に対し、意見書の提出に代えて公開による意見の聴取を行うことを請求することができる。
6　市町村長は、前項の規定による意見の聴取の請求があった場合においては、第3項の措置を命じようとする者又はその代理人の出頭を求めて、公開による意見の聴取を行わなければならない。
7　市町村長は、前項の規定による意見の聴取を行う場合においては、第3項の規定によって命じようとする措置並びに意見の聴取の期日及び場所を、期日の3日前までに、前項に規定する者に通知するとともに、これを公告しなければならない。

8 第6項に規定する者は、意見の聴取に際して、証人を出席させ、かつ、自己に有利な証拠を提出することができる。
9 市町村長は、第3項の規定により必要な措置を命じた場合において、その措置を命ぜられた者がその措置を履行しないとき、履行しても十分でないとき又は履行しても同項の期限までに完了する見込みがないときは、行政代執行法（昭和23年法律第43号）の定めるところに従い、自ら義務者のなすべき行為をし、又は第三者をしてこれをさせることができる。
10 第3項の規定により必要な措置を命じようとする場合において、過失がなくてその措置を命ぜられるべき者を確知することができないとき（過失がなくて第1項の助言若しくは指導又は第2項の勧告が行われるべき者を確知することができないため第3項に定める手続により命令を行うことができないときを含む。）は、市町村長は、その者の負担において、その措置を自ら行い、又はその命じた者若しくは委任した者に行わせることができる。この場合においては、相当の期限を定めて、その措置を行うべき旨及びその期限までにその措置を行わないときは、市町村長又はその命じた者若しくは委任した者がその措置を行うべき旨をあらかじめ公告しなければならない。
11 市町村長は、第3項の規定による命令をした場合においては、標識の設置その他国土交通省令・総務省令で定める方法により、その旨を公示しなければならない。
12 前項の標識は、第3項の規定による命令に係る特定空家等に設置することができる。この場合においては、当該特定空家等の所有者等は、当該標識の設置を拒み、又は妨げてはならない。
13 第3項の規定による命令については、行政手続法（平成5年法律第88号）第3章（第12条及び第14条を除く。）の規定は、適用しない。
14 国土交通大臣及び総務大臣は、特定空家等に対する措置に関し、その適切な実施を図るために必要な指針を定めることができる。
15 前各項に定めるもののほか、特定空家等に対する措置に関し必要な事項は、国土交通省令・総務省令で定める。

（財政上の措置及び税制上の措置等）
第15条 国及び都道府県は、市町村が行う空家等対策計画に基づく空家等に関する対策の適切かつ円滑な実施に資するため、空家等に関する対策の実施に要する費用に対する補助、地方交付税制度の拡充その他の必要な財政上の措置を講ずるものとする。
2 国及び地方公共団体は、前項に定めるもののほか、市町村が行う空家等対策計画に基づく空家等に関する対策の適切かつ円滑な実施に資するため、必要な税制上の措置その他の措置を講ずるものとする。

（過料）
第16条 第14条第3項の規定による市町村長の命令に違反した者は、50万円以下の過料に処する。
2 第9条第2項の規定による立入調査を拒み、妨げ、又は忌避した者は、20万円以下の過料に処する。

　　附　則
（施行期日）
1 この法律は、公布の日から起算して3月を超えない範囲内において政令で定める日から施行する。ただし、第9条第2項から第5項まで、第14条及び第16条の規定は、公布の日から起算して6月を超えない範囲内において政令で定める日から施行する。

（検討）
2 政府は、この法律の施行後5年を経過した場合において、この法律の施行の状況を勘案し、必要があると認めるときは、この法律の規定について検討を加え、その結果に基づいて所要の措置を講ずるものとする。

あとがきにかえて
―ちば自治体法務研究会からのメッセージ―

　私たち「ちば自治体法務研究会（ちば法務研）」が、月例研究会で「空き家問題」をテーマに選んだきっかけは、担当職員となった1人の苦労話でした。

役所「あるある」から本書の誕生へ

　ある日、メンバーの1人が、どう見ても理不尽というほかないようなものまで含まれる住民の苦情についてや、知らないふりを決め込む関係課職員の態度、あるいは、孤軍奮闘を覚悟したところで、どこから始めたらよいかすら検討がつかない、などと語りました。
　そうした話の1つひとつに、うんうんと頷く共感の輪が広がりました。いわゆる役所「あるある」です。
　「自分が苦労したので、今から担当になる人は同じ苦労をする必要はない」あるいは「出発点がより高次の点にあれば、さらに新しい知見にもたどり着きやすいだろう」という経験者の思いを原動力として、私たちは、自分たちの経験を少しでも全国の空き家問題担当職員と共有し、その苦労を軽減するとともに、新たな知識の蓄積やノウハウの取得に多少なりとも貢献したい、と思いました。もちろん研究会の成果がすべて発表の場を得られるわけではありませんが、幸いにして2013（平成25）年11月の第27回自治体学会静岡大会に空き家問題についての分科会が設定され、私たちの中からコーディネーターとパネリスト2名が参加する機会がありました。その際、私たちは改めて論点の多さと、問題の深刻化を実感し、さらに翌年10月に千葉大学を会場に借りて開催した「（ほぼ）25周年記念フォーラム」においても空き家問題についての分科会を企画しました。そして2015（平成27）年8月の第29回自治体学会奈良大会にも公募分科会に応募し、5月に施行された特措法を踏まえた実践的方策について、やはりパネルディスカッションの形式で

報告を重ねました。

　これら一連の学会報告等については、全国各地から多くの問い合わせをいただくなど、望外の反響を得ました。私たちは、個別の応答にもどかしさを感じていたところ、出版を求める何通かのEメールがあり、ついに背中を押されて本書の作成を決意しました。つまり、本書は私たちちば法務研が自他共に得意と認めるイベントの副産物ともいえます。

実例の種を明かせば経験談

　私たちの強み、すなわち本書の特長は、空き家問題に直面する自治体職員の視点に立っていることです。大学に属す研究者もその姿勢を忘れません。

　本書の本文中には、なるべく多くの実例を盛り込みました。まるで「よそ事」のような書きぶりをしているところも多いのですが、実は、ほとんどすべて私たちが直接実務で関与した経験談です。空き家問題は、極めて多面的ですから、自治体内の関係部署は多岐にわたりますし、職員の関わり方も多種多様です。私たちの中にもさまざまに関係した者が数多くいます。成功した話は自慢話にならないように、困難な話はその中にも曙光が見いだせるように、そして何よりも読みやすさを第一に、本文中の表現には留意したつもりです。

地域コミュニティの問題

　私たちは学会報告等では十分に触れることができなかった論点があることも自覚しています。実は、本書においても大幅に割愛した重要な論点があります。たとえば、地域コミュニティの問題がそれです。

　そもそも空き家問題が発生する直接の原因は、所有者が適切な管理を行わないということです。しかし、どうしてそのような状態になるかといえば、自分の財産が他者に迷惑や危険を及ぼすということに関して、無関心でいるということにほかなりません。

　ここに地域コミュニティの問題があります。たとえば、かつては、木の枝が隣の敷地に伸びて迷惑をかけている場合、その住人同士が話をし

て解決していました。実際は「お宅の木の枝が、ウチの敷地まで伸びてきているから、切ってほしい」と、声をかけるだけです。

しかし、普段話をしたこともない相手に、いきなり「木の枝を切ってほしい」と言うことは、なかなか難しいことです。

空き家問題でも、所有者と近隣に良好な関係があれば、迷惑の状況を伝えて措置をしてもらうこともできるでしょうし、所有者も知っている人に対して、迷惑をかけたくないといった気持ちも生まれてきます。しかし、こうした関係が希薄になれば、「行政に解決を頼みたい」となります。

つながりを大切にして解決の道へ

私たちは、人と人のつながりを大切にしつつ前向きに考えることで、多くの問題に解決の道が見えてくると確信しています。

私たちが実践してきた空き家問題への取組みは、そのすべてとまでは言いませんが、少なくともいくらかは、ちば法務研の活動がなければ実現しませんでした。

ちば法務研の月例研究会は、2つの約束の下で議論が進みます。1つは、全員が対等の関係を守るということです。イベントを企画実施する際にも、みなそれぞれに役割を担います。そして、いま1つは、研究会の発言を生の形では外部に漏らさないということです。

大胆な発言も許される仲間同士の環境の中で議論を重ねてきたことが、結果として「広い視野で考えること」と「地域の実情をもとに施策を構築し実践すること」に結びつきます。

今や全国の自治体はほぼ例外なく人員が切り詰められ、その結果として日々の仕事が厳しくなり、どうしても目先の事ばかりに追われて仕事が進められがちです。しかし、1歩先、半歩先の時代を見据えた施策をすることも大切であり、それは自治体職員にとっての醍醐味でもあります。

ゆるいつながりから自主研究サークルへの勧め

私たちは、幸いにしてちば法務研という自治体の枠を超えて率直な意

見交換を重ねる場に恵まれています。私たちは自らの経験から、自治体職員を中心とする自主研究サークルを設立し、積極的に活動することを強くお勧めしたいと思います。

　しかし、多くの場合にいきなりそれは無理でしょう。私たちの多くはちば法務研以外のグループにも所属し、活動をしていますが、数多くの「栄枯盛衰」を経験しており、自主サークルを立ち上げることの難しさも、それを継続する難しさも十分承知しています。

　ちば法務研は、すでに四半世紀以上の活動を続けてきました。長続きする秘訣は、いろいろな人々と「ゆるく」つながることだと感じています。

　本当にいろいろな人がいますし、かなりルーズな付き合いです。25周年を記念するフォーラムを開催したところ、シンポジウムを終えて懇親会を設営する段になって、わずかに25年に満たないことに気づいたぐらいです。

　特別な人を探す必要はありません。どこにでもいる、と思われるような身近な人が、案外自分を磨いてくれる素敵な人かもしれません。あるいはまた、全国の自治体職員が中心となって設立され活動している自治体学会などに顔を出してみることもよいきっかけになるでしょう。

　さらにもっと簡単な「はじめの1歩」もあります。そう、まずは本書を通じて、私たちとバーチャルなつながりを結んでみませんか。

　本書をここまでお読みになった方の多くは、本書を手に取り、まず1章まで（あるいは目次まで、いや「はしがき」だけかも）の冒頭部分を読み、次にパラパラと頁をめくり、この「あとがきにかえて」を読み始めたのではないかと推察します。実際のところ、私たちの多くが、そうした本の読み方をしています。そこで、本書はその順を前提にしています。

　どうぞ、この後は辞書のように必要な頁を探り、お読みください。

ちば自治体法務研究会(ちば法務研)とは

　突然の解散宣言が世界を駆け巡るニュースにもなったSMAPがCDデビューをした1991(平成3)年、私たち「ちば自治体法務研究会(ちば法務研)」は発足しました。この年は、東京都庁が新宿に移転し、雲仙普賢岳で大火砕流が発生し、ジュリアナ東京がオープンした年でした。行政手続法の成立が1993(平成5)年ですから、政策法務のうねりがやがて訪れる、まさに自治体政策法務の黎明期でした。

　その始まりは、千葉県内の市町村職員を対象にした行政法研修が終わったとき、別れを惜しむメンバーが講師を囲み、再結集を誓い合ったことでした。つまり、研修の終わりが「ちば法務研」の始まりでした。

　それからの経緯はいろいろあって、千葉県や国の公務員、大学や研究所の研究者、市町村や県の職員OB、さらには役所出入りの業者の方や都内あるいは神奈川県内に暮らし勤める方々など、実にさまざまな方が集う会になりました。

　「会員の行政運営能力の向上を図り、もって地方自治の発展に寄与する…」私たちの規約第2条の1節です。はたして地方自治に貢献することができたかどうかは措くとして、長く続いたことは確かです。

　主な活動としては、毎月1度土曜日の午後に定例研究会を開催するほか、自称イベント学派と称してさまざまなフォーラム等を主催・共催してきました。フォーラムを仕切ることはいろいろと勉強になります。企画段階から、講師の選定・依頼、交渉、会場の確保・設営、集客、おもてなし、報告書の作成等、多様な能力が必要です。確かに大変ですが、同時に新たな交流が生まれる大きなメリットもあります。

　振り返れば、これまで、行政手続条例、地方分権、まちづくり・地域づくり、自治体法令解釈権、残土問題や市町村合併など、自治体のさまざまな局面を議論のテーマに取り上げてきました。

　イベント以外には、情報公開条例の制定や残土条例の改正を具体的にお手伝いしたこともあります。

　とくに残土問題は、千葉県が大規模土木工事に必要な山砂の首都圏随一の「優良産地」であるとともに、採取後の跡地が残土の「埋立処理」に狙われる

という地理的条件から、「ちば」ならではの行政課題です。また、残土自体は廃棄物ではなく、既存の法律による規制が届かないという側面もあります。

この難問に取り組んだことにより、私たちは仲間を増やしましたし、いくつかの研究論文を世に問うことにもなりました。さらに、そうした経験が、この空き家問題に取り組むよい前例になりました。

本書の企画検討は、ちば法務研の研究会を重ねる中で進めましたが、執筆についてはプロジェクトチームを組織しました。巻末になりましたが、本書が世に出るに当たり、学陽書房編集部の村上広大さんと小原加誉さんをはじめ、数多くの方々にご尽力ないし応援をいただきましたことをここに記し、深く感謝申し上げます。

著者紹介

[編集・執筆]
　宮﨑伸光（法政大学教授・千葉県地方自治研究センター理事長）

[執筆]
　榎本好二（相模原市健康福祉局こども育成部こども施設課長）
　久住智治（文京区教育委員会教育推進部長）
　小林　博（株式会社ゼットやっぺい社（佐原まちおこし会社）取締役・
　　　　　　ちば自治体法務研究会代表）
　帖佐直美（流山市総務部総務課政策法務室長・弁護士）
　山田　智（文京区総務部副参事（法務担当））

[企画]
　ちば自治体法務研究会

自治体の「困った空き家」対策
解決への道しるべ

2016年10月27日　初版発行

編著者　宮﨑　伸光（みやざき　のぶみつ）
著　者　ちば自治体法務研究会
発行者　佐久間重嘉
発行所　学陽書房
　　　　〒102-0072　東京都千代田区飯田橋1-9-3
　　　　営業部／電話　03-3261-1111　FAX　03-5211-3300
　　　　編集部／電話　03-3261-1112
　　　　振替　00170-4-84240
　　　　http://www.gakuyo.co.jp/

ブックデザイン／スタジオダンク
DTP制作／ニシ工芸
印刷・製本／三省堂印刷

©宮﨑伸光，ちば自治体法務研究会 2016, Printed in Japan
ISBN 978-4-313-16156-6 C2036
乱丁・落丁本は、送料小社負担にてお取り替え致します。